hänssler

SVEN WARNK

Praxisbuch
Anspiele
zu biblischen Texten

Der Autor

Sven Warnk, Jahrgang: 1972, Beruf: Gelernter Fachbuchhändler, Studium: Ev. Theologie in Hamburg, Tübingen und als »Bengel« im Albrecht-Bengel-Haus, Theater: Langjährig als Autor, Schauspieler und Regisseur im Bereich der Kirche tätig.

Die Bibelzitate sind wahlweise der »Luther-Übersetzung (1984)« und der »Gute Nachricht-Übersetzung (1997)« entnommen.

hänssler-Paperback
Bestell-Nr. 393.618
ISBN 3-7751-3618-5

© Copyright 2000 by Hänssler Verlag,
D-71087 Holzgerlingen
Titelfotos: privat
Umschlaggestaltung: Daniel Kocherscheidt
Satz: AbSatz, Klein Nordende
Druck und Bindung: Ebner Ulm
Printed in Germany

INHALT

Vorwort

Blind und taub — oder warum wir in der Gemeinde
Theater spielen sollen 9

Tipps und Tricks zur Einübung und Aufführung 12

Anspiele:

Jesus auf dem Dachboden
(Markus 10, 17-31 — »Der reiche Jüngling«) 23

Vertragsunterzeichnung in der Firma »Jesus & Co«
(Johannes 14, 1-14 — »Jesus ist der Weg und die
Wahrheit und das Leben«) 28

Eine Nacht im Himmel
(Johannes 4, 1-26 — »Die Frau am Brunnen«) 33

Fröhliche Weihnachten?
(Lukas 2, 1-21 — »Die Weihnachtsgeschichte«) 38

Interview mit einem Mörder
(1. Mose 4, 1-16 — »Kains Brudermord«) 44

Bundestrainer Jesus
(1. Korinther 1, 18-25 — »... und für den Griechen
eine Torheit«) 49

Muttertag mit Folgen
(1. Mose 2, 24 ; Matthäus 19, 5-6 — »Von der Ehe«)... 54

Sommerschlussverkauf
*(5. Mose 6, 4-15 ; Markus 12, 28-30;
1. Korinther 8, 4-7 — »Das wichtigste Gebot«)* 59

Papa, wer ist ein Christ?
(Markus 16, 15+16 — »Glaube und Taufe«) 64

Willkommen zu Hause!
(Apostelgeschichte 2, 37-47 — »Die erste Gemeinde«) .. 68

Mission Impossible
(Matthäus 28, 18-20 — »Der Missionsauftrag«) 74

Das King-Kong-Syndrom
(1. Mose 1, 1-31 — »Die Schöpfung«) 80

Ausgebrannt!
*(Psalm 31, 16; Prediger 3, 1-8; Psalm 139,16 —
»Meine Zeit«)* 85

Ackergold
(Matthäus 13, 44 — »Der Schatz im Acker«) 89

Leibesübungen
(1. Korinther 12, 12-27 — » Viele Glieder — ein Leib«) .. 95

Danksagung 100

VORWORT

Mit Anspielen ist das häufig so eine Sache. Viele Anspiele haben den Anspruch, nicht nur Fragen aufzureißen, sondern sie auch gleich zu beantworten. Meistens gibt es zwei Szenen: Die erste nach dem Motto »So nicht!«, und die zweite unter der Überschrift »So ist es o.k.!« Die Folge ist, dass für eine nachfolgende Predigt nicht viel Stoff übrig bleibt. Die Antwort wurde schon im Anspiel gegeben, jedes weitere Wort wirkt deshalb überflüssig. Wenn Schauspieler und Prediger sich nicht abstimmen, stehen nicht selten Anspiel und Predigt wie zwei isolierte Botschaften nebeneinander. Und die Zuschauer oder Gottesdienstbesucher fragen sich dann oft, was das eine mit dem anderen zu tun hat.

Mir persönlich ist bewusst geworden, dass man Anspiele viel ansprechender gestalten kann, als meine Frau und ich während unseres Urlaubs im Jahr 1994 die weltbekannte »Willow Creek Church« in Chicago besuchten. Dort wurde uns eine Art von Anspiel (man nennt es dort »drama«) präsentiert, die um ein vielfaches »predigtfreundlicher« und »predigtkompatibler« war, als alles, was ich vorher gesehen und erlebt hatte – von der Professionalität einmal ganz abgesehen.

Der Anspruch dieser Anspiele war es nicht, alle Fragen gleich zu beantworten. Ihr Ziel war, ganz einfach Grundfragen des Lebens, des Alltags oder des Glaubens auf kreative und provozierende Weise anzureißen und eine Spannung im Blick auf die Predigt und die hier gegebenen Antworten zu erzeugen.

In der Folgezeit habe ich einige »Willow Creek-Anspiele« ins Deutsche übersetzt. Dabei ergab sich aber ein neues Problem: Viele Stücke waren zu amerikanisch und setzten oft einen Standard an Professionalität voraus, der die normalen Laienschauspieler in unserer Jugendarbeit schlicht überforderte.

Mittlerweile gibt es aber auch in Deutschland eine Reihe guter Anspiel-Autoren. Einer der besten ist Sven Warnk. Ich empfinde es immer als Vorrecht, wenn er für eine meiner Predigten ein Anspiel entwirft und es manchmal sogar noch selbst aufführt.

Seine Szenen schaffen mit viel Witz und Pfiff eine interessierte Atmosphäre bei den Zuhörern. In der Regel werden viele Fragen nur gestellt, nicht beantwortet. Gerade damit aber eröffnet er dem Prediger ungeheuer viele Möglichkeiten der Anknüpfung.

Ich freue mich, dass mit diesem Buch noch viel mehr Mitarbeiter in der Jugend- und Gemeindearbeit von seinem Talent profitieren können. Dazu wünsche ich allen Schauspielern und Predigern Gottes Segen.

Volker Gäckle

Volker Gäckle ist Studienassistent im Albrecht-Bengel-Haus in Tübingen. Ehrenamtlich ist er Vorsitzender des CVJM-Landesverbandes und leitet zusammen mit Ulrich Scheffbuch die großen Jugendgottesdienste in der Stuttgarter Stiftskirche.

VORWORT DES AUTORS

Blind und taub —
oder warum wir in der Gemeinde
Theater spielen sollen

Einmal fragten die Jünger Jesus, warum er in Gleichnissen reden würde. Er antwortete ihnen darauf, dass sie als Jünger zwar in der Lage wären, die Geheimnisse des Himmelreichs zu verstehen, aber viele andere Menschen könnten es nicht. Sie hätten zwar gesunde Augen und Ohren, könnten damit aber nichts sehen und hören, weil ihr Herz hart und gleichgültig wäre. Jesus benutzte daher immer wieder Beispiele aus der Alltagswelt seiner Zuhörer und konnte ihnen so seine Worte verständlich machen. Oftmals enthielten diese Geschichten keine Lösungen, sondern forderten zum Weiterdenken auf. Doch nur so konnte die Lehre Jesu tief greifend in die verhärteten Herzen der Menschen eindringen.

Genau das ist auch unsere Situation heute. Wir sind sehr oft wie Blinde und Taube, wenn wir mit dem Wort Gottes konfrontiert werden. Unsere Herzen sind nicht anders als die der Menschen, die vor 2000 Jahren gelebt haben. Deshalb brauchen auch wir diese einfachen aber eindrücklichen Geschichten, damit Gottes Wort leichter einen Weg zu unserem Herzen findet.

Anspiele können diese gleichnishaften Geschichten sein. Sie bieten uns die Möglichkeit über ein Thema neu nachzudenken und helfen, dass die Gedanken der Predigt uns leichter verständlich werden. Die Theaterkunst leistet hier ganz unmittelbar einen wichtigen Beitrag zur Verkündigung der Guten Nachricht. Der Dichter Christian Morgenstern hat einmal gesagt:

»Ein rechter Künstler schildert nie, um zu gefallen, sondern um zu zeigen.«

In der Tat, Kunst hat immer etwas mit Hingabe zu tun. Es soll sich nicht um unsere Person drehen und es soll dem Publikum auch nicht nach dem Mund geredet werden. Als Christen trifft uns das in besonderem Maße. Wir setzen unsere künstlerischen Gaben zur Ehre Gottes ein und zeigen damit auf *seine* Botschaft. Dies können wir allerdings nur tun, wenn wir selbst eine Beziehung zu Gott haben. Ansonsten spielen wir nur unser *eigenes* Werk, zu *unserer* Ehre. Jesus sagt einmal dazu (Mt 13, 13-15), dass man an den Worten eines Menschen erkennt, wie es in seinem Herzen aussieht – und man könnte hinzufügen, man erkennt es auch an »seinem Spielen«.

Wenn wir für Gott Theater spielen, ist deshalb nicht eine perfekte Aufführung wichtig, sondern der Zuschauer muss uns abspüren, dass wir mit unserem Herzen voll dabei sind und es ernst meinen. Nur dann springt der »Funke« über.

In unserer Zeit, die stark von Medien aller Art geprägt ist, spielt das Theater in der Verkündigung auch noch eine andere wichtige Rolle. Es kann auch dem Menschen, der überhaupt keinen Kontakt zu Gott, zur Gemeinde und Kirche mehr hat, einen neuen Einstieg ermöglichen. Er kann einen ganz neuen Blick auf sich selbst gewinnen und bemerkt vielleicht, dass die dargestellten Szenen ganz dicht an seinem Leben sind. Dieser Mensch wird die Predigt auch ganz anders empfinden. Nicht als »Gardinenpredigt«, fernab von seinen wirklichen Problemen, sondern als Wort, das sein Herz für eine neue Dimension des Lebens aufschließt.

Wichtig ist allerdings, dass uns als Schauspielern immer bewusst bleibt, dass wir im Gottesdienst oder bei anderen Veranstaltungen *nicht* predigen. Wir geben keine Lösungen, sondern wir reißen mit unseren Anspielen die Thematik nur an – wir »*spielen sie an*«.

Ich hoffe, dass dieses Buch Hilfe und Anregung ist, Anspiele für Gottesdienste und Gemeindeveranstaltungen auszuwählen. Sie sind alle schnell erlernbar, erfordern keine schauspielerischen Vorkenntnisse und die Spieldauer liegt immer unter zehn Minuten.

Ich wünsche allen Spielern viel Freude beim Einüben und Spielen, in der Hoffnung, dass alle ein brennendes Herz dafür bekommen, die Gute Nachricht weiterzugeben.

Sven Warnk

Tipps und Tricks zur Einübung und Aufführung

Für alle, die schon Schauspielerfahrung gesammelt haben (z. B. im Schultheater, in Theaterworkshops, im Schauspielunterricht, usw.), werden die folgenden Seiten nichts Neues sein.

Wenn Sie aber nur wenig Theatererfahrung mitbringen oder vielleicht noch gar nicht wissen, dass Sie die »Gabe des Spielens« überhaupt haben, aber nun trotzdem einmal ein Stück auf die Beine stellen wollen, dann können für Sie die folgenden Tipps und Tricks beim Einüben und Aufführen eine Hilfe sein.

Vor der Aufführung

Nun steht es fest: Zur Predigt soll es ein Anspiel geben! Das Thema, der biblische Text und der Prediger sind bekannt.

- Zunächst ist es wichtig, dass *einer* die Vorbereitungen für das Anspiel verantwortlich in die Hand nimmt, denn in der Regel fühlt sich sonst *keiner* dafür verantwortlich, den Überblick zu behalten, und das geht natürlich letztendlich auf Kosten der Aufführungsqualität. Außerdem kann man durch das Einsetzen eines **Anspielleiters** viel Stress vermeiden, gerade wenn es kurz vor der Aufführung hektisch wird. Dabei kommt es nicht darauf an, ob diese Person selbst mitspielt. Oft ist es sogar sehr hilfreich, wenn ein Außenstehender die Szenen beobachtet, konstruktiv kritisiert und den Schauspielern Organisatorisches abnimmt.

- Als Nächstes geht es um die **Auswahl des Stückes.** Der Anspielleiter sollte allein oder im Team (z. B. mit dem Prediger, den Schauspielern u. a.) das Anspiel auswählen. Dabei ist darauf zu achten – egal ob es sich um Stücke aus Büchern oder selbst geschriebene Anspiele handelt –, dass das Stück folgende Merkmale aufweist:

1. Das Stück muss thematisch genau zur Predigt passen. Ist dies nicht der Fall, muss es entweder umgeschrieben werden oder man entscheidet sich für ein anderes Anspiel. Der Zuschauer nämlich registriert logische Fehler und falsche Verknüpfungen zwischen Thema und Anspiel sofort als Negativpunkt. Das schadet letztlich dem Ziel, Menschen zu erreichen.

2. Das Anspiel darf die Schauspieler nicht überfordern. Man muss sich vorher folgende Fragen genau beantworten: Wen habe ich als Spieler zur Verfügung? Welche Gaben hat er und wie groß sind seine Vorkenntnisse, ist seine Erfahrung als Schauspieler? Das heißt, der Text darf nicht zu lang sein. Die Aussprache sollte keine großen Komplikationen aufweisen. Die Mimik und das Agieren auf der Bühne muss mit mäßigem Zeitaufwand erlernbar sein.

3. Das Stück darf die Zuschauer nicht überfordern. Es muss klar erkennbar sein, worauf das Anspiel hinausläuft. Abstrakte Anspiele oder auch Sprechmotetten verunsichern häufig den Zuschauer und tragen nicht zu einem besseren Verständnis der Predigt bei.

4. Das Stück muss in den Räumen spielbar sein, in denen die Veranstaltungen stattfinden. Zu große und zu kleine Räumlichkeiten können sich fatal auf die Wirkung des Stückes auswirken. Bei Großveranstaltungen sind die Bühnen häufig so mit Verstärkern, Instrumenten u. Ä. voll gestellt, dass ein Spielen kaum noch möglich ist. Folgende Fragen sind dazu auch noch wichtig: Gibt es eine Art Bühne, einen Platz, wo wir gut gesehen werden und Raum zum Spielen haben? Benötigen wir Mikrofone? Lässt sich das Stück mit Kabelmikrofonen überhaupt spielen?

■ Wenn das Stück ausgewählt ist, muss von Anfang an der **Kontakt zum Prediger** gesucht werden. Er sollte ebenfalls ein Votum abgeben, ob das Stück zu seiner Predigt passen wird. Dadurch lernt der Prediger das Stück schon früh kennen und kann sich im Hinterkopf rechtzeitig Gedanken über die Verknüpfung von Anspiel und Predigt machen. Nichts ist verhängnisvoller als ein Anspiel ohne Bezug und eine Predigt ohne Anknüpfungspunkte an das vorangegangene Anspiel. Sehr wichtig ist auch, dass der Anspielleiter rechtzeitig eine Kopie der Predigt erhält (zumindest einen Grundriss) und der Prediger ein Manuskript des Stückes. Das verbessert die Kommunikation zwischen Anspielgruppe und Verkündiger. Dadurch lassen sich Missverständnisse früh vermeiden.

Einübung:

- Es sollte als Mindestanforderung **drei Proben** vor der Aufführung geben:

Die **erste** mindestens eine Woche vorher, mit einer Länge von eineinhalb Stunden. In dieser Probe ist das Ziel, einen kompletten Durchlauf des Anspiels zu erreichen. Dabei darf es durchaus Fehler geben und auch »Hänger« bei den Schauspielern. Das Grundgerüst, der grobe Rahmen soll aber schon stehen — das schafft ein Gefühl größerer Sicherheit.

Die **zweite** Probe sollte ca. drei Tage vor der Aufführung stattfinden. Sie muss mindestens ungefähr die Länge von einer Dreiviertelstunde haben. In dieser Probe sollen letzte Feinheiten geübt werden und ein Generalprobendurchlauf stattfinden.

Die **letzte** Probe wird unmittelbar kurz vor der Aufführung angesetzt und braucht nicht länger als 15 Minuten zu dauern. In ihr wird nicht gespielt, sondern der Ablauf wird im Schnelldurchlauf durchgegangen und der Anspielleiter kann noch letzte Hinweise geben.

Schließlich ist es wichtig, einen **Übungsraum** zu wählen, der ungefähr den Maßen der Originalbühne entspricht. Dort muss man festlegen, zu welcher Wand hin die scheinbaren Zuschauer sitzen, damit die Schauspieler gleich sehen, ob sie richtig zum Publikum stehen. Natürlich ist es am besten, wenn die Originalbühne selbst für die Proben zur Verfügung steht, doch das ist leider nicht immer möglich.

- Als Anspielteam ist es wichtig, dass wir nicht nur zusammen üben, sondern auch eine **geistliche Einheit** bilden. Wenn wir unser Spielen nicht in die Hände Gottes legen, laufen wir Gefahr zu unserer Ehre die Aufführung vorzubereiten. Deshalb ist es gut, vor dem Üben gemeinsam zu beten sowie über Inhalt und Thema zu sprechen.

Bei der letzten Probe ist es sehr wichtig, dass man zusammen noch betet oder sich vom Vorbereitungsteam des Gottesdienstes segnen lässt. Denn gerade wenn die Aufregung und Hektik einsetzen, können wir Gott die ganze Aufführung noch einmal vertrauensvoll in seine Hände legen und ihn bitten, dass er mit seinem Heiligen Geist durch uns spricht. Dadurch werden wir ruhig und können gelassen der Aufführung entgegensehen.

- Die Frage nach den **Requisiten**, dem **Bühnenbild** und der **Technik** muss in der ersten Probe gestellt werden. Je nach Stück gibt es mal mehr, mal weniger Requisiten. Es ist wichtig, dass genau festgelegt wird, wer für welche Requisiten verantwortlich ist, sie organisiert und diese bis zur zweiten Probe mitbringt.

Ein schönes Bühnenbild ist immer wünschenswert. Gibt es begabte Künstler in der Gemeinde, können diese sogleich loslegen. Gerade diese Arbeit muss aber sehr rechtzeitig angefangen werden, weil häufig langwierige Vorbereitungen notwendig sind. Daran scheitert es leider meistens. Oftmals lassen sich allerdings auch aus wenigen Gegenständen (Tisch, Stuhl, Landkarte, Telefon, Schreibmaschine, Sperrholzwand, Lampen, usw.) eindrückliche Bühnenbilder herstellen.

Jede Art von Technik braucht zuverlässige Menschen, die sie bedient. Deshalb ist zu beachten, dass aufwendige Lichttechnik, plötzliche Musikeinspielungen u. Ä., immer **Unsi-**

cherheitsfaktoren im Ablauf des Stückes sind. Funktioniert irgendetwas nicht oder gerät der peinlich genaue Zeitplan durcheinander, entstehen unter Umständen unangenehme Pausen und die können das ganze Stück nachhaltig stören. Darum gilt auch hier, dass weniger manchmal mehr ist. Je einfacher der Ablauf ist, desto mehr können sich die Schauspieler auf ihr Spiel konzentrieren – und das ist ja schließlich das Wichtigste.

Bevor wir nun richtig anfangen zu üben, ist es wichtig, dass wir uns **warm machen**. Es gibt in der Schauspielerei 1002 Möglichkeiten seinen Körper und Geist auf das Spielen vorzubereiten. Ich möchte hier nur einige pragmatische Methoden nennen, die gut zu unseren kurzen Proben passen und den Spielern, die nur selten oder gar nicht miteinander Theater spielen, eine Hilfe sein können:

1. Als Erstes können wir das Stück gemeinsam **mit verteilten Rollen lesen**. Auf diese Weise wissen die Schauspieler schon, was auf sie zukommt, und prägen sich den groben Ablauf ein. Dabei ist weder Aussprache noch Mimik wichtig.

2. Jetzt können wir unseren **Körper aktivieren**:

   • **Ruhe und Bewegung**

   a) Alle Spieler legen sich im Kreis flach mit dem Rücken auf den Boden. Wir stellen uns vor, dass ein **Magnet** uns von der Decke her anzieht. Jeder soll nun in seinem eigenen Tempo und mit seinen eigenen Bewegungen in die aufrechte Position kommen. Die Übung ist beendet, wenn sich alle ganz dicht am Magneten befinden.

   b) Wir gehen langsam durch den Raum. Der Spielleiter sagt nun wechselnd an, auf welchem **Untergrund** wir uns bewegen (z. B. Sand, Schlamm, Nägeln, Steine, Watte, usw.). Jeder versucht, seine Schrittbewegungen dem Untergrund anzupassen. Die zweite Variante davon ist, dass verschiedene Gangarten angesagt werden (z. B. Schreiten, Laufen, Tanzen, Schlendern, usw.)

c) Je zwei Spieler stellen sich gegenüber auf. Der eine ist das **Spiegelbild**, der andere, der sich im Spiegel anschaut. Das Spiegelbild versucht, die Bewegungen und die Mimik des anderen genau nachzumachen. Man sollte mit langsamen Bewegungen beginnen und sich erst nach und nach steigern. Nach einer gewissen Zeit kann gewechselt werden. Hier lernt man sich ganz genau zu beobachten und sensibilisiert seinen Körper.

- **Atmung (wichtig für eine kräftige Stimmführung)**

a) Wir stellen uns im Kreis auf. Wir verlagern das Gewicht in einer Pendelbewegung von einem Bein auf das andere und kommen so langsam gerade zum Stehen. Diese Pendelbewegung führen wir im Geiste fort, bis wir einen festen Standpunkt eingenommen haben. Jetzt lockern wir die Schultern, lassen die Arme hängen, entspannen den ganzen Körper und atmen ruhig und gleichmäßig. Die Atmung soll von der Lunge in die Zwerchfellbauchregion strömen. Bei dieser Übung ist darauf zu achten, dass wir nicht zu viel Luft einziehen. Ziel ist es, die **Zwerchfellatmung** (das Zwerchfell ist bei vielen gefühlsmäßigen Regungen unseres Körpers beteiligt: z. B. Reden, Lachen, Weinen, usw.) zu verbessern.

b) Die gleiche Übung lässt sich auch gut auf dem Rücken liegend durchführen. Wir versuchen die Bauchatmung nicht zu erzwingen, sondern sie soll langsam ganz natürlich geschehen. Dabei ist es eine Hilfe, wenn wir uns ganz **auf unsere Bauchregion konzentrieren**. Für ein gutes Sprechen auf der Bühne brauchen wir nicht mehr Luft als die, die wir in der Entspannung benötigt haben.

c) Wir **hecheln wie Tiere** in der heißen Sonne. Das lokkert unseren Bauchraum und hilft uns gegen übermäßiges Einatmen. Wir wiederholen die Buchstaben **P-T-K** und **F-S-Sch**. Dabei spüren wir unser Zwerchfell.

d) Jetzt lockern wir den Kiefer und lassen das Kinn herunterhängen. Wenn wir entspannt sind, fangen wir an zu **gähnen**. Diese Übung fördert ebenfalls unsere Zwerchfellatmung.

- **Sprache**

a) **Vokalübung:** Wir sprechen (oder singen) folgendes Lied nach, um die richtige Aussprache der Vokale zu trainieren:

Heut kommt der Hans zu mir, freut sich die Lies. Ob er aber über Oberammergau oder aber über Unterammergau oder aber überhaupt nicht kommt, ist nicht gewiss.

b) Übung **gegen das Nuscheln**: Wir machen einen Kussmund, setzen langsam unser breitestes Lächeln auf, öffnen langsam den Mund, gähnen, strecken die Zunge heraus und bewegen sie auf und ab.

c) Wir gehen durch den Raum. Wenn der Anspielleiter eine **Stimmung** angibt (z. B. traurig, ruhig, ängstlich, schmeichlerisch, militärisch, freudig usw.), begrüßen wir die uns am nächsten stehende Person und stellen uns ihr entsprechend der Ansage vor.

d) Wir teilen uns in zwei Gruppen. Die eine sitzt am einen Ende des Raumes, die andere am anderen. Jeder sucht sich ein Gegenüber am anderen Ende des Raumes. Alle aus der einen Gruppe erhalten denselben Text (z. B. Abschnitt aus der Bibel), den sie den jeweiligen Partnern der anderen Gruppe gleichzeitig diktieren. Die andere Gruppe versucht, das **Diktat** aufzuschreiben. Die Kunst ist es, dass der Diktierende so deutlich spricht, dass im allgemeinen Lärm seine Worte am anderen Ende des Raumes richtig ankommen.

e) Wir singen bzw. sprechen ein altes Kinderlied im Kanon: »Das **Eiszeitlied**«.
Wir bilden vier Gruppen (geht auch mit je einer Person):
Die erste Gruppe (tiefer Ton): »Womm, Womm, Womm ...«
Die zweite Gruppe (mittlere Lage): »Mammut jagen, Mammut jagen, Mammut jagen ...«
Die dritte Gruppe (mittlere Lage):»Speerwurf in der Eiszeit, Säbelzahntiger ...«
Die vierte Gruppe setzt zuletzt ein (hoher Ton): »Eiszeit, Eiszeit, Eiszeit ...«
Der Anspielleiter kann die Einsätze nacheinander geben. Wichtig ist, dass jede Gruppe ihren Text deutlich spricht, damit man aus diesem »Eiszeitchor« jede Passage genau verstehen kann.

3. In einem nächsten Schritt können wir **das Stück grob durchspielen**. Wir lesen dabei den Text immer noch ab, versuchen uns aber schon auf die richtigen Positionen zu stellen.

- Jetzt versuchen wir **das Stück ohne Text durchzuspielen**. Der Anspielleiter fungiert als Stichwortgeber und korrigiert das Spiel der Darsteller. Dabei ist es erlaubt und gewollt zu

improvisieren. Das heißt, wir spielen eine Szene so, wie wir uns selbst verhalten würden, und benutzen dabei auch unsere eigenen Worte. Dadurch verstehen wir besser, was die Szene aussagen will.

■ Um von einer Oberflächlichkeit unseres Spiels wegzukommen, versuchen wir, uns ganz in die Szene hineinzuversetzen. Das hört sich einfach und selbstverständlich an, fehlt aber gerade den meisten ungeübten Spielern. **Wir versuchen, den Charakter der Rolle zu erschließen.** Dazu stellen wir uns die verschiedensten Fragen zu unserer jeweiligen Rolle:
Z. B. Wen stelle ich dar? An welchem Ort spielt das Geschehen? Wie sind die Umstände (z. B. Jahreszeit, Tageszeit, usw.)? In welcher Weise bin ich durch meinen Bühnencharakter mit den anderen Rollen verbunden? Was macht meine Rolle besonders? usw.

Wir spielen nicht nur einen Text, weil ihn der Autor so vorschreibt, sondern **wir versetzen uns tatsächlich in diese Szene** und versuchen, uns in ihr vorzustellen. Unser Spiel wirkt dann nicht mehr so statisch und unecht.

■ Ansonsten müssen folgende Punkte grundlegend beachtet werden:
1. **Aufeinander achten** und sich bei Dialogen auch tatsächlich anschauen.
2. **Deutliche Aussprache**, Mund weit öffnen, Endsilben nicht verschlucken, kein hastiges Sprechen
3. Dem **Publikum nicht den Rücken zudrehen**
4. **Nicht vor anderen Darstellern stehen**
5. Die **Bewegungen** müssen **gut sichtbar** und deutlich sein

■ Zur zweiten Probe sollten alle Darsteller ihren **Text auswendig können**. Es gibt die unterschiedlichsten Methoden, einen Text auswendig zu lernen. Jeder muss die Methode wäh-

len, die bei ihm am meisten Erfolg verspricht. Hier einige praktische Tipps:
1. Ich markiere meine Textstellen farbig (z. B. **Leuchtmarker**).
2. Ich lerne den **Text meiner Partner** grob mit. Dann bin ich nicht nur von einem Stichwort abhängig, kann individuell reagieren und behalte auch meinen Text besser.
3. Ich kennzeichne meine Rolle durch **Symbole**. Wenn ich z. B. Wut spielen soll, kann ich dazu einen Blitz zeichnen, bei einer Szene, die Liebe zum Partner ausdrücken soll, ein Herz, usw.

Aufführung:

Anspielleiter und Darsteller sollten mindestens eine Stunde vor der Aufführung am Veranstaltungsort sein. In dieser Zeit passieren noch einige wichtige Vorbereitungen:

1. **Ankommen**, sich mit dem Raum vertraut machen, auf der Bühne umhergehen.
2. Wie wird die **Bühne** bei der Aufführung aussehen? Wo werden die Requisiten platziert? Wo stehen die Requisiten während der Veranstaltung? Wer baut die Requisiten auf?
3. Der Anspielleiter verdeutlicht noch einmal kurz, wie die Schauspieler sich auf der Bühne bewegen sollen. In einem **Schnelldurchlauf** wird das Stück ein letztes Mal besprochen. Der Anspielleiter kann auf wichtige Stellen noch einmal hinweisen.
4. Ggf. **Mikrofone** ausprobieren und mit dem jeweiligen Techniker die Besonderheiten der Aufführung absprechen. Auf jeden Fall muss das Mikrofonsprechen mindestens kurz vor der Aufführung geübt werden (das gilt besonders auch für so genannte »Head-Sets«, Kopfmikrofone). Um zu testen, ob ein Mikrofon eingeschaltet ist, **niemals** hineinpusten, sondern immer hineinsprechen oder klopfen.

Ansonsten kann die Membran beschädigt werden. Außerdem gilt:
- Wir halten das Mikrofon dicht am Mund (dafür sind die meisten ausgelegt), in einem Winkel von 90 Grad zum Körper. Halten wir das Mikrofon mehr oder weniger parallel zum Körper, sprechen wir darüber hinweg.
- Das Mikrofon immer mit dem Originaltext in Originallautstärke testen.
5. Zeit für gemeinsames Gebet.
6. Tipps gegen die Aufregung:
   - Wir **konzentrieren** uns speziell **auf unseren ersten Redeteil**. Er ist entscheidend; mit ihm gewinnen wir das Publikum und der restliche Text wird wie von alleine kommen.
   - Bewusst den **Körper entspannen**: Ruhig tief ein- und ausatmen. Dabei versuchen wir, den ganzen Körper locker zu lassen, die Schultern hängen herunter und der Luftstrom soll bis hinunter in die Bauchgegend fließen.
   - Stirn, Schläfen und Nacken behutsam massieren.
   - Dehnübungen

Und jetzt: Viel Erfolg!

Jesus auf dem Dachboden

Thema: An wen oder was hänge ich mein Herz? Lasse ich Jesus in alle meine Lebensbereiche hinein? Wie kann Jesus wieder Herr meines Lebens werden?

Bibeltext: z. B. Markus 10, 17-31 (»Der reiche Jüngling«)

Gedanken zum Text:
- Woran du dein Herz hängst, das ist dein Gott.
- Das Herz des reichen jungen Mannes hing an seinem Besitz, deswegen konnte er letztlich Jesus nicht nachfolgen. Er hatte die »sozialen Gebote« alle gehalten, aber er konnte das wichtigste Gebot nicht erfüllen: »Liebe den Herrn, deinen Gott, von ganzem Herzen, mit ganzem Willen und mit deinem ganzen Verstand« (Matthäus 22, 34-40). Gott war überall in seinem Leben, doch in das Zimmer seines Lebenshauses, wo sein Besitz war, ließ er Jesus nicht hinein.
- Wo befindet sich Jesus in meinem Lebenshaus? Wo Jesus in unserem Leben nicht hineinreden darf, wo wir Teilbereiche unseres Lebenshauses hermetisch abriegeln, da dienen wir zwei Herren und wir gehen dem einen nach und den anderen verlassen wir (siehe Matthäus 6, 24).
- Was sind das für Räume, in die ich Jesus nicht hineinlasse?
- Wie kann Jesus wieder in allen Räumen meines Lebenshauses wohnen? Ich darf nicht fragen, was **ich** tun kann, damit sich etwas ändert, sondern ich muss fragen, was **Gott** tun kann, damit mein Leben gelingt. Für uns Men-

schen ist es unmöglich, aber nicht für Gott. Bei ihm gibt es kein »Unmöglich« (V. 27).
- Ich kann es nicht selbst schaffen, aber ich kann Gott im Gebet bitten, dass er es in mir vollbringt.
- Wenn ich Jesus nicht immer wieder bitte, in alle Räume meines Lebenshauses zu kommen, dann kann ich mich noch so abstrampeln, noch so fromm sein, dann wird mein Leben scheitern.
- Möglichkeit eines »Ich fange neu mit Dir an«-Gebets nach der Predigt.

Anspiel: Jesus auf dem Dachboden

Charaktere: zwei Freunde, Jesus

Kostüme: zwei Freunde – normale Kleidung, Jesus – weiße Kleidung

Requisiten: Staubwedel, Koffer, Kartons, Bettlaken, etwas Mehl (Staubersatz), Regenschirm

Bühne: stellt einen Dachboden mit Koffern, Kartons und Gerümpel dar

(Die zwei Freunde stehen etwas unterhalb der Bühne. Auf der Bühne stehen Koffer und Kartons, dazwischen liegt kaum zu sehen Jesus, in gekreuzigter Haltung auf dem Bauch, mit einem Bettlaken über dem Kopf. Die beiden Freunde beginnen eine Unterhaltung.)

A: Ja, das kannst du mir wirklich glauben, ich habe hier noch einen echten Jesus auf meinem Dachboden. Ein echtes Prunkstück. Den habe ich mal vor Jahren erstanden. Das waren noch Zeiten!

B: *(nickt bewundernd)* Tatsächlich?! Das ist ja wirklich unglaublich! Wer hat heute schon noch einen echten Jesus im Gebrauch …?
A: Nun ja, ich gebrauche ihn eher selten. Manchmal, zu Weihnachten und zu Ostern, stelle ich ihn im Wohnzimmer auf. Aber sonst …
B: Ich würde ihn zu gerne einmal sehen. Wäre das möglich?
A: Natürlich, kein Problem! Komm, wir gehen auf den Dachboden!

(Sie gehen beide auf die Bühne.)

A: Wo ist der bloß, wo habe ich ihn nur hingestellt? (Beide fangen an zu suchen und kramen sich durch die abgestellten Dinge.) Was für ein Gerümpel!
B: Ah, da, ich glaube, da liegt er!
A: Er muss wohl umgefallen sein. Komm, wir stellen ihn wieder auf!

(Sie packen Jesus an den ausgebreiteten Armen und stellen ihn auf, nehmen ihm das Laken vom Kopf und stauben ihn mit dem Staubwedel ab.)

B: Meine Güte, ist der staubig! *(hustet)*
A: Stimmt, aber ist er nicht ein Prachtstück, noch tadellos in Ordnung, obwohl ich ihn schon lange nicht mehr benutzt habe?
B: Das kann ich gut verstehen. Ich weiß schon gar nicht mehr, wo mein Jesus eigentlich geblieben ist …

(Beide gehen ein Stück nach vorn auf die linke Seite, lassen Jesus hinten stehen.)

Außerdem, wozu ist der heute denn noch gut? Früher, ja früher, als wir noch im Jugendkreis waren, da konnte man ihn gut gebrauchen, aber heute …?

A: *(lacht)* Stimmt, ich habe von meinem Nachbarn gehört, dass er ihn noch häufig in seiner Glasvitrine in der Diele aufstellt, aber wenn er eine Party feiert, verschwindet sein Jesus ganz schnell in der Besenkammer.

(Inzwischen ist Jesus aus seiner Starre erwacht, schaut sich um und geht von hinten auf die beiden zu, tippt A auf die Schulter.)

J: Hallo, guten Tag, ich bin Jesus.

(Beide erschrecken fürchterlich, stecken ängstlich ihre Köpfe zusammen und flüstern.)

A: Hast du das auch gehört, mein Jesus hat mit mir gesprochen!
B: Ja, aber wie ist denn das möglich? Jesus kann doch nicht wirklich lebendig sein!
(Beide schauen Jesus an, lächeln verlegen.)
A: Hallo, wie geht's denn so? Lange nicht gesehen …
B: Jesus, wie kann das sein, dass du lebst?
J: Natürlich lebe ich, schon seit 2000 Jahren! Ich bin auferstanden und quicklebendig, wie ihr seht.
A: Jesus, so kenn' ich dich gar nicht …
J: Vor Jahren waren wir doch Freunde, da haben wie alles zusammen gemacht, weißt du noch? Das war eine tolle Zeit! Doch später durfte ich noch nicht einmal in deiner Wohnung sein … Und heute? Heute lässt du mich auf deinem Dachboden verstauben.
A: *(verlegen)* Tja, mmh …, weißt du …
B: Da hast du sicher Recht, Jesus. Wir würden dich ja auch gerne mit herunter nehmen, aber … *(stammelt)* du bist manchmal einfach zu …, wie soll ich sagen, … einfach zu sperrig.
A: *(setzt schnell nach)* Versteh' das bitte nicht falsch, aber du passt so nicht in mein Wohnzimmer und in unser tägliches Leben.

J: Hey, was redest du da? Ich bin lebendig, ich will bei euch sein alle Tage, bis ans Ende der Welt und nicht irgendwo abgestellt werden. Kommt, wir gehen runter und machen wieder alles gemeinsam!

A: Jesus, das ist wirklich eine ganz tolle Idee, doch leider haben wir gerade gar keine Zeit ...

(Sie drängen ihn an seinen Platz zurück.)

Ich habe nämlich gleich eine ganz wichtige Verabredung im Fitnessstudio und du weißt ja *(tätschelt Jesus)*, in einem gesunden Körper wohnt ein gesunder Geist ...

(Sie breiten seine Arme zum Kreuz aus, knicken seine Beine ein.)

B: ... und ich habe noch einen Berg von Arbeit auf meinem Schreibtisch, tut mir Leid Jesus, vielleicht ein anderes Mal.

(Sie hängen ihm das Tuch über den Kopf und den Regenschirm an den Arm und gehen ab.)

Vertragsunterzeichnung in der Firma »Jesus & Co«

Thema: Jesus ist der Weg und die Wahrheit und das Leben – Kann man das heute überhaupt noch sagen?
Darf Jesus der Herr meines Lebens sein?
Wie übt Jesus seine »Herr«-schaft aus?

Bibeltext: z. B. Johannes 14, 1-14
(»Jesus ist der Weg und die Wahrheit und das Leben«)

Gedanken zum Text:
- Gerade in den Kirchen ist immer wieder zu hören, dass der Anspruch Jesu, Weg, Wahrheit und Leben sein zu wollen, in unserer heutigen pluralistischen Gesellschaft nicht mehr tragbar sei. Es wird danach gefragt, gerade auch im Bezug auf andere Religionen, ob nicht viele Wege zum einen Ziel führen und viele Wahrheiten zu einer Erkenntnis über mein Leben.
- Darf dann Jesus überhaupt Herr meines Lebens sein? Kann ich das noch bewusst wollen oder ist das für mich eher eine Unzumutbarkeit? Früher, da haben die Leute das sicher schnell akzeptiert, sie wussten ja schließlich nicht viel von der Welt – aber heute …?
- Häufig geht es uns wie Thomas: Obwohl uns Jesus eine klare Perspektive gibt und uns den Weg zum »Haus des Vaters« zeigt, fragen wir trotzdem verzweifelt, wie wir den Weg finden sollen. Wir haben Augen und sehen nicht und haben Ohren und hören nicht (Markus 8, 18).

- Dabei liegt der Weg zu Gott deutlich vor uns: Es ist Jesus. Durch ihn haben wir unmittelbaren Zugang zum Vater, zum Schöpfer dieser Welt und das als Menschen, die sich tief in ihrem Herzen von Gott abgewandt haben! Das ist nicht selbstverständlich. Nicht nur für andere Religionen und Philosophien, sondern auch für die Bibel ist dieser Weg außergewöhnlich und neu. Gott steigt in das Elend dieser Welt hinab und erduldet es am schwersten. Der Tod Jesu ist deshalb einmalig und es gibt keine vergleichbare Tat, die ein anderer Gott oder Gott-Mensch je vollbracht hätte. Denn das ist die Wahrheit, der feste Wille Gottes, darauf können wir uns absolut sicher verlassen: Der Weg zu Gott ist durch Jesu Sühnetat frei. Diese gute Nachricht befreit mich zu einem erfüllten Leben und führt mich zum ewigen Leben.
- Und auch das ist einmalig und für andere Religionen nicht denkbar: Gott kommt nicht als Herrscher zu uns, sondern als Diener (Matthäus 20, 28). Jesus stellt damit unser fest verankertes Herrscherverständnis auf den Kopf. Er steigt in die Täler unseres Lebens hinab und bietet sich persönlich als Hilfe an, damit wir den Weg zum Vater wiederfinden. Worum wir ihn in seinem Namen bitten werden, das wird er tatsächlich auch tun (V. 14).

Anspiel: Vertragsunterzeichnung in der Firma »Jesus & Co«

Charaktere: »Chef« der Firma »Jesus & Co«, Sekretärin, Putzmann, neuer Mitarbeiter

Kostüme: »Chef« — Schlips und Kragen,
Sekretärin — gepflegtes Aussehen,
Putzmann — Arbeitsanzug,
neuer Mitarbeiter — Schlips und Kragen

Requisiten: Tisch mit Telefon und Schreibutensilien, Notizblock und Stift, Eimer mit Schrubber und Lappen

Bühne: stellt das Büro des »Chefs« der Firma »Jesus & Co« dar

(Der »Chef« sitzt am Schreibtisch und arbeitet, die Sekretärin betritt die Bühne und meldet den neuen Mitarbeiter an.)

Sekr.: Entschuldigen Sie bitte, der Herr Ohnesorg ist eingetroffen …

Chef: *(sichtlich erfreut)* Ah, sehr gut, nur herein mit ihm …! *(steht auf und läuft Hr. O. entgegen)* Mein lieber Ohnesorg, ich grüße Sie aufs Herzlichste! *(Schüttelt ihm die Hand.)* Ich freue mich ganz besonders, dass es heute mit Ihrer Vertragsunterzeichnung klappt und Sie endlich in unsere Firma »Jesus & Co« eintreten. *(Er weist auf den Stuhl vor dem Schreibtisch.)* Nehmen Sie doch Platz!

O.: Die Freude ist ganz auf meiner Seite. »Jesus & Co« ist wirklich eine Firma, die sich noch um ihre Mitarbeiter bemüht.

Chef: Das ist wohl wahr! Wir freuen uns schließlich über jeden, der zu uns kommt. Nun denn, schreiten wir zur Tat! *(Er fingert ein Vertragsblatt heraus.)* Hier ist Ihr Vertrag, wir werden ihn noch einmal kurz durchgehen. Fr. Gottmann, könnten Sie bitte protokollieren? *(Die Sekretärin stellt sich in die Nähe des »Chefs« und schreibt eifrig auf ihrem Notizblock.)*

(Der Putzmann betritt den Raum und fängt auf den Knien an den Boden zu wischen.)

Chef: *(weist mit seinem Füller auf die einzelnen Vertragspunkte)* Punkt eins, Ihre Aufgabe in unserer Firma betrifft, wie Sie ja wissen, die kreative und freudige Mitarbeit, wie es Ihren Gaben entspricht, an unserem

Firmenziel, dem Reich Gottes. Dabei genießen Sie das Vorrecht mit der Chefetage zusammenzuarbeiten. Das Wichtigste ist allerdings der ständige Kontakt zum Chef. Punkt zwei, für Ihren Lebensunterhalt wird angemessen gesorgt, Urlaub wird ausreichend gewährt und in Notfällen aller Art springt die Firma ein. Ich denke, der Rest ist klar, Herr Ohnesorg, darf ich Ihnen den Stift zur Unterzeichnung reichen ...

O.: Vielen Dank, ich bin sehr froh, dass ich es heute mit dieser Unterschrift festmachen kann, verbindlich ein Teil Ihrer Firma zu sein ... *(Er überfliegt kurz den Vertrag und will gerade unterschreiben.)* Moment, was ist das für eine Klausel?! ... *(Er deutet darauf, wirft den Vertrag dem »Chef« verärgert auf den Schreibtisch und springt wütend auf.)* Das kann ich beim besten Willen nicht unterschreiben!

Chef: *(schaut völlig überrascht)* Frau Gottmann, haben wir Herrn Ohnesorg in unserem letzten Gespräch nicht schon darauf hingewiesen? Schauen Sie doch mal nach!

Sekr.: *(blättert eifrig in ihrem Notizblock)* Doch, haben wir, ganz sicher, ich habe es genau protokolliert, hier steht es eindeutig ...

Chef: Ja, Herr Ohnesorg, können Sie sich daran nicht mehr erinnern?

O.: *(geht aufgeregt umher)* Ja, aber ich habe doch nicht gedacht, dass Sie das genauso meinen ...

Chef: Natürlich, Herr Ohnesorg, *(deutet auf die Klausel)* erstens, der Chef ist der Weg, ...

O.: *(fährt dazwischen)* Der Weg, der Weg, das kann man doch heute nicht mehr so sagen. Sie wissen doch, es führen viele Wege nach Rom ...

Chef: Zweitens, der Chef ist die Wahrheit ...

O.: *(fährt wieder dazwischen)* Die Wahrheit, da lache ich ja, es gibt doch nicht nur eine Wahrheit! Wir sind doch heutzutage aufgeklärte Menschen. Da kann auch nicht

die Firma »Jesus & Co« herkommen und das behaupten ...
Chef: Und drittens, der Chef ist das Leben ...
O.: *(nun vehement)* Na, das schon gar nicht! Sie können nicht von mir erwarten, dass ich das unterschreibe. Die Firma »Jesus & Co« war für mich immer mein Traumarbeitsplatz, aber was zu viel ist, ist zu viel! (Er deutet auf den »Chef«.) Ich lasse mir von Ihnen nicht vorschreiben, was ich in meinem Leben zu tun oder zu lassen habe! Sie sitzen doch hier in Ihrem Chefzimmer, thronen über allen Mitarbeitern und erteilen Ihre Anweisungen, aber Sie wissen doch nichts vom wahren Leben ...! *(Er steht auf und geht zur Tür.)*
Chef: *(schaut fassungslos zu seiner Sekretärin und ruft)* Aber Herr Ohnesorg, warten Sie doch!
(O. hält an der Tür inne.) Ich bin doch gar nicht der Chef der Firma!
O.: *(überrascht)* Wer dann?
Chef: *(deutet auf den Putzmann)* Der, der dort auf dem Boden kniet ...
(Der Putzer schaut zu O. auf. O. schaut fassungslos ins Publikum.)

Eine Nacht im Himmel

Thema: Liebe ist ein Grundbedürfnis unseres Lebens
Liebe bedeutet nicht Lustgewinnmaximierung
Gottes Liebe überwindet unsere Gottesferne

Bibeltext: z. B. Johannes 4, 1-26
(»Die Frau am Brunnen«)

Gedanken zum Text:
- »Liebe kann ich mir nicht leisten!« – Wir müssen uns Liebe leisten! Ohne Liebe sind wir leblos und kalt. Ohne Liebe werden wir einsam und krank. Ohne Liebe sind wir nichts. »Wenn ich mit Menschen- und mit Engelzungen redete und hätte die Liebe nicht, so wäre ich ein tönendes Erz oder eine klingende Schelle« (1. Korinther 13, 1).
- Häufig setzen wir Liebe mit Lust gleich. Unser Lieben wird dann zu einem Streben, unseren Lustgewinn zu steigern. Wir beschränken die Liebe damit ausschließlich auf körperliche, sinnliche Eindrücke. Doch die Liebe ist mehr! Die Liebe ist ein Band, das Menschen sehr eng zusammenhalten kann und die unzerstörbare Verbindung, die Gott zu seinen Geschöpfen hat. Die Liebe »erträgt alles, sie glaubt alles, sie hofft alles, sie duldet alles« (1. Korinther 13, 7).
- Jesus will der Frau am Brunnen Wasser geben, das in ihr zu einer Quelle wird, die bis ins ewige Leben hinein fließt (V. 14). Dieses Wasser ist der Heilige Geist, der sie zu einem neuen Menschen macht. Doch bevor dies geschieht, soll sie mit ihrem früheren, sündigen Leben aufräumen. Jesus spricht sie direkt darauf an: »Geh hin, ruf deinen Mann«

(V. 16). Die Frau hat keinen Ehemann, der sie liebt, sondern nur ständig wechselnde Beziehungen – Männer, die sie in jeder Hinsicht ausgenutzt haben. Sie entfernt sich mehr und mehr von Gott und wird einsam.
- Jesus durchbricht unsere Einsamkeit. Er will uns Wasser des Lebens geben. Erfüllt mit seinem Heiligen Geist können wir ein neues Leben beginnen. Gott liebt uns trotz der Mauer der Sünde, die sich zwischen ihm und uns aufgebaut hat. Jesus durchbricht diese Mauer und steht mit offenen Armen da. Seine Liebe rettet uns. Seine Liebe befähigt uns, liebevoll zu leben. Diese Liebe ist mehr als nur erotische Gefühle, sondern ein Schatz, den wir weitergeben dürfen (Epheser 5, 2).

Anspiel: Eine Nacht im Himmel

Charaktere: Ein Mann, der plötzlich im Himmel aufwacht; seine tote Frau und ein Mann des himmlischen Begrüßungspersonals

Kostüme: Mann 1 – Schlafanzug, seine Frau – normale Kleidung, Mann 2 – normale Kleidung

Requisiten: Bett mit Bettzeug, Nachttisch mit Wecker und Lampe, Garderobenständer oder Stuhl, Schreibblock mit Stift

Bühne: stellt ein Schlafzimmer dar

(Ein Mann betritt schläfrig das Zimmer und will sich bettfertig machen.)

M1: *(gähnend)* So ..., jetzt geht's endlich ins Bett! Nach einem solchen Tag habe ich mir das redlich verdient. *(Er zieht sich aus, hängt einige Sachen an den Gardero-*

benständer und setzt sich aufs Bett.) Noch eben den Wecker einstellen ... *(fingert am Wecker herum, stellt ihn wieder auf den Nachtschrank)* ... und ab ins kuschelige Bett. *(Er schwingt seine Beine herum, deckt sich zu, löscht das Licht und beginnt, leise zu schnarchen.)*

(Eine Zeit bleibt es still, nichts passiert. Plötzlich betritt ein anderer Mann mit einem Schreibblock in der Hand lautstark und übertrieben fröhlich das Zimmer.)

M2: Einen wunderschönen guten Morgen!! Aufstehen, aufstehen, aufstehen! *(knipst die Nachttischlampe an)* Raus aus den Federn! *(Dabei lüpft er die Bettdecke.)* Morgenstund hat Gold im Mund! Der frühe Vogel fängt den Wurm!!

(Der Mann dreht sich jammernd, unwillig herum und versucht, die Bettdecke zurückzuholen.)

M1: Och nööh, es ist noch so früh ... und außerdem, der Wecker hat doch noch gar nicht geklingelt.
M2: Ja, nun los ... *(Er nimmt ihm wieder die Bettdecke weg. M1 setzt sich auf die Bettkante.)*
Beeilung, Sie sind spät dran, alle warten schon! Ich gehe schon einmal vor ... *(geht zur Tür)*

(Der Mann ist plötzlich hellwach.)

M1: *(auf der Bettkante sitzend)* Ja, Moment mal, was heißt denn, alle warten schon?! Wer wartet denn?!! *(springt erregt auf)* Und außerdem, was machen Sie eigentlich in meinem Schlafzimmer?!!!

(Der zweite Mann ist erstaunt und belustigt zugleich.)

M2: Na, Sie stellen vielleicht Fragen! Wer soll schon warten? Die himmlischen Heerscharen natürlich! Heute Morgen ist doch die Probe für das »Große Halleluja« angesetzt! Und ... warten Sie mal ... *(Er blättert in seinem*

Schreibblock.) ... *(vorwurfsvoll)* Sie haben ihre Stimme ja noch gar nicht geübt!

(Er wird aufgebracht von dem Mann unterbrochen.)

M1: Moment, Moment, Moment! Habe ich sie da eben richtig verstanden? Himmlische Heerscharen? Ich kenne keine himmlischen Heerscharen und außerdem kann ich gar nicht singen!

(Der zweite Mann versucht zu beschwichtigen, geht auf den verstörten Mann zu und legt ihm freundschaftlich den Arm um die Schultern.)

M2: Aber, aber, mein Lieber, Sie sind hier im Himmel, hier kann doch jeder singen!

M1: *(verstört)* Im Himmel? Heißt das etwa, dass ich tot bin?

M2: *(beschwichtigend)* Natürlich sind Sie tot! Doch so schlimm ist das ja nun auch wieder nicht, wir müssen schließlich alle einmal sterben. Aber nun ziehen Sie sich an, die Probe geht gleich los!

M1: *(verärgert)* Nicht schlimm? Nicht schlimm!!? Mein Leben ist zu Ende! Das nennen Sie »nicht schlimm«?! Mein glückliches, erfülltes Leben ist nun vorbei!

M2: Na, nun übertreiben Sie aber, so glücklich waren Sie in Ihrem Leben nun auch wieder nicht ...

M1: Natürlich war ich glücklich! Ich war wohlhabend, hatte einen super Sportwagen, einen Swimmingpool, einen guten Job – ich habe das Leben in vollen Zügen genossen!! Und jetzt? Jetzt sitze ich hier auf »Wolke-sieben« oder wo auch immer ...!

M2: *(nachdenklich)* Das nennen Sie also glücklich ... Was war denn mit der Liebe ...?

M1: Liebe? Was soll mit der Liebe gewesen sein? Ich habe geliebt! Ich habe keiner Fliege etwas zu Leide getan und auch keine Frau kann sich beschweren!

M2: Und was war z. B. mit Kerstin, ihrer letzten Frau ...? *(Er zeigt auf die Tür, Kerstin betritt den Raum.)*

M1: *(läuft ihr peinlich berührt entgegen, kniet vor ihr nieder, greift ihre Hand und küsst sie)* Na sowas, Kerstin, meine liebste Kerstin, bin ich froh, dich zu sehen. Was machst du hier im Himmel?

K: *(kühl)* Hast du das schon vergessen? Als du mich damals verlassen hast, hatte ich Krebs ...

M: *(entschuldigend)* Oh, ääh, Kerstin, natürlich, es tut mir Leid, ich wusste nicht mehr, es ist schon so lange her ...

K: *(macht sich von seiner Hand los, geht zur Mitte des Raumes, M bleibt auf Knien zurück)* Du hast dir eine junge, gesunde, schöne Frau genommen. Du hast gesagt, es wäre aus Liebe ... *(verächtlich)* und das aus deinem Mund ...

M1: *(geht auf sie zu, kniet wieder, nimmt ihre Hand)* Was heißt schon Liebe, Kerstin, Hauptsache ist doch, dass man Spaß zusammen hat – und außerdem, ich habe dich doch auch immer geliebt ...

M2: *(trennt die beiden, führt K zur Tür)* Ich glaube, Sie haben genug von ihrem erfüllten Leben gesehen. *(Kerstin dreht sich noch einmal um.)*

K: Du hast mich geliebt? *(verächtlich)* Du weißt doch gar nicht, was Liebe ist ...!

(K und M2 verlassen den Raum, M macht eine wegwerfende Bewegung zur Tür und wirft sich auf sein Bett. Die Nachttischlampe geht aus, eine Weile passiert nichts. Plötzlich klingelt der Wecker.)

M: *(wacht schläfrig auf, springt auf, läuft im Raum umher)* Wo bin ich? Ich bin zu Hause! Gott sei Dank! Was für ein Alptraum! Sagt mir meine Ex doch tatsächlich, ich wüsste nicht, was Liebe ist! Ja und? Seien wir doch mal ehrlich: Liebe braucht man doch nicht, um glücklich zu sein. Das ist doch was für Schwächlinge, für Versager, für emotionale Spinner! **Liebe kann ich mir jedenfalls nicht leisten!!** *(geht ab)*

Fröhliche Weihnachten?

Thema: Warum feiern wir eigentlich Weihnachten? Ist der Sinn dieses Festes völlig verloren gegangen? Was bedeutet die Geburt Jesu für uns heute?

Bibeltext: z. B. Lukas 2, 1-20
(»Die Weihnachtsgeschichte«)

Gedanken zum Text:
- Der Sinn des Weihnachtsfestes geht heute im »Konsum- und Besinnungsterror« fast gänzlich verloren. Geschenk muss mit Geschenk beantwortet werden. Hauptsache, wir bleiben niemanden etwas schuldig.
Zu Weihnachten ist das Harmoniebedürfnis groß. Um keinen Preis darf es Streit geben, keine Unstimmigkeit soll die Festtage trüben. Doch genau deshalb kommt es meistens am Weihnachtsabend zum Streit. Denn trotz dieser verordneten Harmonie werden die eigentlichen Konflikte nur verdrängt und nicht ehrlich angegangen.
- Auf was wollen wir uns zu Weihnachten eigentlich besinnen? Auf den Sinn von Weihnachten? Wie soll das gehen, wenn uns der Sinn gar nicht klar ist? Es ist bemerkenswert, dass Weihnachten von Anfang an für alle Beteiligten eine »schöne Bescherung« war: Eltern auf der Flucht, eine Geburt ohne leiblichen Vater, ein betrogener Bräutigam, usw.
- Doch Gott spricht in das aussichtslose Geschehen hinein: »Fürchtet euch nicht!« (V. 10)
Er verwandelt diese hoffnungslose Situation in Weihnachten. Genau damit fängt Gott auch heute bei uns Weihnach-

ten an: »Denn euch ist heute der Heiland geboren, welcher ist Christus, der Herr, in der Stadt Davids« (V. 11). Jesus kommt in die Welt, damit unsere Schuld vor Gott und den Menschen nicht mehr unser Leben bestimmt und zerstört. Mit Gott können wir tatsächlich unser Leben neu beginnen. Das ist die letzte große Liebeserklärung Gottes an uns Menschen.

- Wenn wir diese großartige Botschaft, die bis heute unumstößlich gilt, wieder neu hören und in unsere Herzen hineinlassen, dann werden wir ein ganz anderes Weihnachten erleben. Es wird ein Fest des Dankes und der Hoffnung sein und wir werden wie die Hirten, die zu ihren Herden zurückkehrten, zu unseren Alltagsgeschäften zurückkehren: »Sie priesen und lobten Gott für alles, was sie gehört und gesehen hatten« (V. 20).

Anspiel: Fröhliche Weihnachten? (zwei Szenen)

Die beiden Szenen können versetzt innerhalb der Predigt gespielt werden.

Szene 1:

Charaktere: Ehepaar

Kostüme: beide — Winterkleidung

Requisiten: viele Tüten mit Geschenkpaketen, Kalender

Bühne: stellt eine Einkaufsstraße dar

(Ein Ehepaar ist bei den Weihnachtseinkäufen. Mit vielen Geschenktüten beladen gehen sie eine Einkaufsstraße entlang. Plötzlich bleibt der Mann stehen.)

M: *(genervt)* Wo müssen wir denn noch hin?
F: *(blättert in ihrem Kalender)* Nur noch schnell zum Kaufhof, den Schal für deine Schwester Mechthild kaufen, dann in die Buchhandlung, das Buch für Opa Ernst abholen und natürlich zu Karstadt, um das Schreibetui für Onkel Karl zu besorgen. Hoffentlich haben die noch welche ...
M: Was, so viel noch?! Heute Morgen hast du gesagt, es wären *ein paar* Einkäufe. Hätte ich gewusst, dass ich deinen Packesel spielen soll, wäre ich lieber zu Hause geblieben.
F: Na, das hätte dir wohl so gepasst: Du hängst vorm Fernseher rum und ich laufe mir die Hacken wund! Du kannst ja schließlich auch mal was für die Familie tun!
M: *(noch mehr genervt)* Ja, ja, ist ja schon gut ...
F: Ist der gnädige Herr jetzt vielleicht bereit, mit zu Karstadt zu gehen?
M: Bereit bin ich schon; doch ich möchte trotzdem gerne wissen, wieso Onkel Karl eigentlich ein Schreibetui bekommt. Er schenkt uns doch auch nie etwas!
F: Da bist du mal wieder völlig im Irrtum, mein Lieber. Onkel Karl hat uns letztes Jahr eine Flasche Cognac geschenkt. Das hast du natürlich mal wieder nicht mitbekommen ...
M: *(verärgert)* Wieso habe ich das mal wieder nicht mitbekommen?
F: Du hast doch, wie jedes Jahr, stumm in der Ecke gesessen, während ich die Gäste bewirten und unterhalten durfte!
M: Das stimmt *überhaupt* nicht und außerdem habe ich sehr wohl mitbekommen, dass uns Onkel Karl eine Flasche Cognac geschenkt hat. Die war nämlich ein Weihnachtsgeschenk seiner Firma, es hing sogar noch das Firmenkärtchen dran. Aber *wieso* soll dein Onkel Karl deswegen ein

teures Schreibetui bekommen? Das sehe ich einfach nicht ein!
F: Tja, das ist mal wieder typisch, geizig warst du ja schon immer — wie dein Vater!
M: Weißt du, wenn du so auf mir rumhackst, kannst du deine Einkäufe auch allein machen!
(Er lässt die Tüten fallen, geht ab und lässt seine Frau stehen.)

Szene 2:

Charaktere: älteres Ehepaar (M, F), jüngeres Ehepaar (A, B), junger Mann (D)

Kostüme: alle — Winterkleidung

Requisiten: fünf Stühle

Bühne: stellt einen Teil des Gottesdienstraumes dar. Die Stühle stehen in zwei Reihen (zwei vorne, drei dahinter) schräg und frontal zum Publikum. Das ältere Ehepaar sitzt vorne, die anderen dahinter.

(Unmittelbar vor dem Weihnachtsgottesdienst: Langsam füllt sich die Kirche. Viele Plätze sind schon besetzt. Einige sind schon eine Stunde früher gekommen. Sie sitzen in den Stuhlreihen mit ihren Mänteln, Hüten und Jacken und hoffen, dass die ganze »Schau« hoffentlich bald vorbei ist. Plötzlich kommen sie ins Gespräch.)

M: Sag mal, weißt du, wann es endlich los geht?
F: Ich glaube, um 17.00 Uhr. Das machen sie doch jedes Jahr so.

M: Immer muss man so früh kommen, sonst bekommt man ja keinen Platz mehr. Das finde ich echt unmöglich. Sind sie noch nicht einmal in der Lage, von unseren Kirchensteuern einen anständigen Saal zu bauen? Letztes Jahr, weißt du noch, da sollten wir sogar stehen! Das war wirklich ein Unding! Gott sei Dank, dass wir gegangen sind!
F: Und als ich die Frau von unserem Pastor eine Woche später bei Edeka getroffen habe, ich kann dir sagen, der habe ich erst einmal ordentlich die Meinung gesagt!
A: *(leicht gereizt, beugt sich nach vorn)* Tschuldigung, könnten Sie bitte ein bisschen leiser sprechen?
M: *(dreht sich um)* Wieso, es geht doch erst in einer Dreiviertelstunde los!
A: Schon, aber wenigstens zu Weihnachten möchten wir uns einmal ein wenig besinnen, in die Atmosphäre eintauchen, ...
B: ... die Stille genießen, das ist uns doch heutzutage völlig verloren gegangen. Alles ist so unruhig, hektisch und laut.
D: Ach, hören Sie doch auf, das ist doch jedes Jahr der gleiche Zirkus und wozu? Auf unsere Spenden haben sie es doch nur abgesehen, auf unser hart verdientes Weihnachtsgeld!
A: Aber deswegen feiern wir doch Weihnachten, um Gutes zu tun. Es gibt doch so viel Leid auf der Welt ...
D: Da sollten die mal lieber in Deutschland anfangen! Jetzt wollten die sogar schon unser 13. Monatsgehalt kürzen. Die sollten uns lieber mal was Gutes tun!
F: Wissen Sie, genau das habe ich meinem Mann gestern auch gesagt. Man muss sich ja nur mal unsern Pfarrer angucken. Gerade vor zwei Wochen hat er sich einen neuen Passat-Kombi gekauft! Da frage ich mich doch, wo nimmt er das ganze Geld bloß her?
B: Aber darum geht es doch gar nicht. Weihnachten ist das Fest der Liebe und der Familie. Sich wieder auf die Familie besinnen, darum geht es doch ...
D: Familie? Die fahren lieber alle in den Süden. Nein, Weihnachten ist nur eine große Masche.

A: Wenn Weihnachten für Sie nur eine große Masche ist, dann würde ich gerne mal wissen, warum Sie hier eigentlich sitzen?
D: Na ja, wissen Sie, es ist doch irgendwie Tradition, gehört einfach dazu ... und außerdem, was soll man schon bis zur Bescherung machen?
M: Wenn das nicht bald los geht, gibt es heute überhaupt keine Bescherung mehr und den Weihnachtsfilm im Fernsehen können wir sowieso vergessen.
A: Na dann, fröhliche Weihnachten ...

Interview mit einem Mörder

Thema: Niemand lebt allein
Liebe und Hass
Nur bei Jesus können wir uns »ent-schuldigen«

Bibeltext: 1. Mose 4, 1-16
(»Kains Brudermord«)

Gedanken zum Text:
- Niemand kann allein leben, wir brauchen andere Menschen, um überleben zu können. Den ganzen Tag nehmen wir Dienste anderer Menschen in Anspruch und wir selbst stellen uns zur Verfügung. Diese Welt ist nicht mehr das Paradies und auch kein Schlaraffenland. Die Menschen sind in ihren unterschiedlichsten Situationen auf gemeinschaftliches Handeln angewiesen. Es gibt verbindliche und unverbindliche Gemeinschaft, freundschaftliche Beziehungen und Liebesbeziehungen. Die Liebesbeziehung ist das stärkste Band zwischen Menschen, aber auch das zerbrechlichste.
- Einerseits brauchen wir Beziehungen, um zu leben, andererseits haben wir eine große Begabung dafür entwickelt, genau diese lebensnotwendigen Beziehungen kaputt zu machen. Zwar bringen wir nicht gleich jemanden um, aber Blicke und Worte können bekanntlich auch töten. Jesus sagt einmal dazu, dass derjenige, der zu seinem Bruder bloß »Du Idiot!« sagt, nicht besser als ein Mörder ist (siehe Matthäus 5, 22). Vor Gott beginnt Schuld nicht erst mit körperlichen Handgreiflichkeiten, sondern indem wir

bereits im Kopf anderen Gewalt antun. Wie viele »Leichen« haben wir in unserem Keller?
- Als einer der ersten Menschen war Kain in einer äußerst schlechten Situation: Seine Eltern hatten das Paradies ruiniert und damit war auch seine Zukunft besiegelt. Er wuchs in einer kaputten Welt auf und musste das schwere Erbe seiner Eltern mittragen. Doch er war nicht allein, denn er hatte seinen Bruder Abel. Sie teilten sich die Arbeit und gemeinsam bewältigten sie die Probleme des Alltags. Trotzdem bringt Kain seinen Bruder um. Dabei ging es um keine große Sache. Kain interessierte gar nicht, warum Gott sein Opfer nicht wollte. Er war zornig und dachte nur an seinen Bruder und an das, was ihm an diesem schon immer nicht gepasst hatte. Plötzlich war diese Wut da und er beging den Mord. (V. 8)
- Kain ist der Archetyp des Menschen, der die Beziehungen kaputtmacht, die er dringend braucht. Dazu gehört auch die Beziehung zu Gott (V. 16).
- Wenn wir einmal vor Gott stehen, dann werden wir unser ganzes Leben sehen und hören können, was wir gedacht, gesagt und getan haben. Sicher werden wir auch Kain wiedersehen ... Spätestens dann werden wir verstehen, dass unsere ewige Vergleicherei, unser Stolz und Hochmut unsere Beziehungen kaputtgemacht haben, dass aus unserer eigenen Unzufriedenheit Schuld geworden ist. Schuld hindert uns an wichtigen Beziehungen, Schuld macht einsam. Nur bei Jesus können wir uns »ent-schuldigen«. Jesus hat sich selbst geopfert, damit wir ohne Schuld, Beziehungen zu Menschen und zu Gott neu beginnen können.

Anspiel: Interview mit einem Mörder

Charaktere: Reporter, Kain

Kostüme: Reporter — Schlips und Kragen, Kain — normale Kleidung

Requisiten: zwei Stühle, Mikrofone, kleiner Tisch mit Wassergläsern, Karteikarten (für Reporter)

Bühne: stellt ein Fernsehstudio mit Lampen, Mikrofonen und Kameras dar

(Der Reporter und sein Gast Kain sitzen auf zwei Stühlen frontal zum Publikum. Vor ihnen stehen zwei Mikrofone. Die Sendung wird gleich beginnen, aus dem Off kommt eine Stimme.)

Off: Achtung, noch zehn Sekunden bis zur Sendung! Licht! Kamera läuft! Ton läuft!

R: Guten Abend, meine sehr verehrten Damen und Herren. Ich begrüße Sie ganz herzlich zu unserem heutigen Special »Interview mit einem Mörder«. Heute zu Gast bei uns ist Herr Kain, herzlich willkommen! Herr Kain, Sie haben im Alter von 22 Jahren Ihren zwei Jahre jüngeren Bruder umgebracht und sind nun auf Bewährung wieder frei. Woher kommen Sie gerade?

K: Nachdem meine Strafe zur Bewährung ausgesetzt war, bin ich erst einmal herumgeirrt. Überall und nirgends bin ich gewesen, doch nichts ist mir geglückt. Ich fand keine Arbeit und auch meine alten Freunde wollten mir nicht mehr helfen. Wer will sich schon mit einem Mörder abgeben?

R: Gab es für Sie nicht die Gelegenheit in einem anderen Land, mit Menschen, die Sie und Ihre Tat nicht kannten, neu anzufangen?

K: Haben Sie eine Ahnung! Es war wie ein Fluch. Egal, wo ich hinkam, immer schien es so, als ob es mir im Gesicht stünde, dass ich ein Mörder bin. Ich hatte keine Chance. Dauernd lebte ich in der Angst, dass sich meine Verwandten an mir rächen könnten. Jetzt bin ich zwar wieder auf freiem Fuß, aber mein Leben hat schon aufgehört, bevor es richtig angefangen hat. Und das verdanke ich alles meinem »lieben« Bruder.

R: Warum hatten Sie eigentlich eine solche »Mordswut« auf Ihren Bruder, er hatte Ihnen doch eigentlich gar nichts getan?

K: Er hat mir nichts getan? Dass ich nicht lache! Abel, dieses Muster an Tugend und Aufrichtigkeit, ständig Papas Liebling! Mein Bruder, der Liebling der Lehrer, pflichtbewusst, immer strebsam, vergaß nie die Hausaufgaben, bekam nie eine Strafarbeit auf! Abel, der Liebling unseres Pfarrers, fromm bis in die Fußspitzen! Und ich? Nichts, was ich tat, war richtig. Ich habe mich aufgeopfert, doch mein Vater hat nur höhnisch gelacht und gesagt, ich solle mir Abel als Vorbild nehmen.

R: Aber deswegen bringt man doch nicht seinen Bruder um?

K: Jetzt soll ich auch noch schuld sein? Sicher, ich habe ihn erschossen, aber er ist doch selbst schuld. Er hat es nicht anders gewollt. Abel hat es verdient. Meine Eltern haben nie zu mir gestanden, dauernd haben sie meinen kleinen Bruder verhätschelt. Anstatt auch mal an mich zu denken, haben sie mir einen Berg Schulden hinterlassen, den ich für sie langsam abtragen durfte. Sie haben ihn praktisch mit umgebracht.

R: Ist das für Sie Gerechtigkeit?

K: Natürlich! Ich wollte nur Gerechtigkeit, das wird ja wohl jeder vernünftig denkende Mensch einsehen! Stattdessen trage ich jetzt die alleinige Schuld. Was sollte ich machen? Sollte ich etwa meinen Bruder beschützen, mich um ihn kümmern, den Schleimer?

	Sollte ich etwa den Aufpasser für meinen Bruder spielen? Niemals!
R:	Was wollen Sie nun tun, wie geht es mit Ihrem Leben weiter?
K:	Ich muss weit, weit weggehen, das ist der Wille meines Vaters. Er will mich nicht mehr in seinem Haus haben. Was jetzt aus mir wird, weiß ich nicht. Für mich ist alles vorbei.
R:	Könnten Sie sich nicht vorstellen, dass Sie sich mit Ihrem Vater wieder vertragen?
K:	Nein, ich werde diese Schuld nie loswerden. Mein Vater wird mir nicht vergeben, denn ich kann die Tat nicht mehr rückgängig machen. Für mich gibt es keine Vergebung. *(senkt den Kopf)* Ich bin allein, ganz allein ...
R:	Tja, meine Damen und Herren, das war's auch schon wieder mit unserem Special »Interview mit einem Mörder«. Wir bedanken uns bei Herrn Kain und wünschen ihm trotzdem alles Gute. Ihnen noch einen schönen Abend.

Bundestrainer Jesus

Thema: Das Wort vom Kreuz muss allen Nichtglaubenden als blanker Unsinn erscheinen
Für alle glaubenden Christen ist das Wort vom Kreuz eine Gotteskraft
Gottes scheinbare »Torheit« übertrifft alle menschliche Weisheit und Stärke

Bibeltext: z. B. 1. Korinther 1, 18-25
(»... und den Griechen eine Torheit«)

Gedanken zum Text:
- Das Wort vom Kreuz führt uns in das Zentrum unseres Glaubens: Durch das Sterben Jesu wird die Trennung zwischen Gott und uns Menschen überwunden. Genau das ist für Nichtglaubende zutiefst widersinnig. Für sie ist nicht begreifbar, dass ein Gott seinen geliebten Sohn stellvertretend für unsere Gottesferne leiden und sterben lässt, damit wir frei von Schuld werden können. Nicht wenige empfinden diese Opfertat geradezu als grausam. An solch einen furchtbaren Gott wollen sie nicht glauben.
- In der Tat, das Wort vom Kreuz erscheint von außen betrachtet ziemlich unsinnig (V. 18). Ein allmächtiger Gott herrscht, er entscheidet und bestimmt die Dinge! Er hat es doch nicht nötig zu leiden! Trotzdem entspringt für die Glaubenden genau aus diesem Leiden mehr Gotteskraft und mehr Macht, als ein zwingender, bestimmender und absolut herrschender Gott jemals haben kann. Warum ist das so? Liebe ist nicht logisch erklärbar.

Wenn wir jemanden wirklich von ganzem Herzen lieben, dann würden wir alles für ihn tun. Genauso verhält es sich mit Gottes Liebe zu uns Menschen. Gott gibt einen Teil von sich, seinen einzigen Sohn, damit viele seiner geliebten Geschöpfe aus der Gewalt des Bösen befreit werden (Matthäus 20, 28).

Gott verlangte kein Opfer, sondern er opferte sich auf, erlebte und ertrug alles, was in einem menschlichen Leben passieren kann, bis hin zum Tod. Gottes Liebe ist stärker als alle allmächtige Gewalt anderer Götter. Sie zwingt nicht zur Nachfolge, sondern schließt den freiwillig zurückkehrenden Sünder in die Arme. Diese Liebestat können wir nur bruchstückhaft verstehen, ganz begreifen werden wir sie nie.

- Ein dienender Gott steht im Widerspruch zu allen Weisheiten dieser Welt. Doch Gott entlarvt die Klugheit der Klugen durch scheinbare »Torheit«. Trotz ihrer großen Weisheit können sie das wahre Wesen Gottes nicht erkennen. Deshalb hat Gott beschlossen, die zu retten, die nicht nur auf ihre Logik bauen, sondern ihm vertrauen und an eine scheinbar törichte Botschaft glauben (siehe V. 21).

Viele Menschen wollen Wunder sehen, bevor sie glauben (»Ich glaube nur, was ich sehe«). Andere fordern ein logisches Gedankengebäude, in das Gott beweisbar hineinpasst. Es ist nicht unsere Aufgabe, diese Forderungen zu erfüllen. Wir sollen nur zum Wort vom Kreuz stehen, es verkündigen und darauf hinweisen, dass die Tat, die Gott am Kreuz vollbracht hat, alle menschliche Weisheit übersteigt und dass diese scheinbare Schwäche alle menschliche Stärke übertrifft (V. 23-25).

Anspiel: Bundestrainer Jesus

Charaktere: Vier Fußballfans

Kostüme: alle – Fan-Outfit (Schals, Mützen, Trikots, usw.)

Requisiten: Bänke oder Stühle, hoch gestelltes Turnkastenteil (zwei vorn, zwei hinten, versetzt, frontal zum Publikum, die hintere Reihe sollte etwas höher sein), Tröten, Fahnen, Trillerpfeifen, Bierdosen, Konfetti, Popcorntüten

Bühne: stellt einen Teil der Tribüne in einem Stadion bei einem Fußballländerspiel dar

(Kurz vor einem Länderspiel warten vier Fußballfreunde auf den Anpfiff. Sie schauen gebannt auf das »schwarze Loch«, aus dem gleich die Spieler kommen müssen. Sie schützen ihre Augen mit der flachen Hand, blinzeln und spähen. Plötzlich schreit der erste vorne links.)

F1: Da sind sie!!!! Da sind sie!!!!
Alle: *(springen auf, jubeln, trillern und schwenken die Fahnen, werfen Konfetti, lassen Bierdosen und Popcorntüten fallen)* Jaaa, da sind sie, unsere Jungs!!!! Jäähh!!!! *(Jubel!)*

(Sie beruhigen sie wieder, warten auf den Anpfiff und beginnen eine Unterhaltung.)

F1: Na endlich geht's gleich los! *(dreht sich halb um)* Ihr könnt euch gar nicht vorstellen, wie ich mich auf diesen Tag gefreut habe!
F2: *(sitzt vorne neben F1)* Und ich erst! Das wird das genialste Länderspiel, was es je gab!!
F3: *(oben links)* Ich kann es noch gar nicht glauben: Deutschland gegen Brasilien – und wir mittendrin! Das wird absolut abfahren!

F4: *(oben rechts)* Das kannst du laut sagen! Echt wie in alten Zeiten. Schade, dass Jürgen nicht mitkommen konnte. *(plötzlich)* Leute, es geht los, der Anpfiff!!

(Alle springen wieder auf und jubeln.)

Alle: Deutschland, Deutschland, Deutschland!!!!

(Sie setzen sich wieder.)

F1: Sag mal, Rüdiger, warum ist Jürgen nicht mitgefahren? Das habe ich gar nicht so richtig mitbekommen!
F4: Ich glaube, der hatte was vor.
F2: Was vor? Das hat's ja noch nie gegeben! Wir sind doch immer zusammen zum Fußball gefahren!
F3: Er hat zu mir gesagt, dass die Sache ihm wichtiger wäre.
F1: Wichtiger als Fußball?!!
F4: Doch nicht etwa 'ne Frau …?
F3: Ganz im Gegenteil, er ist jetzt in der Kirche.
F2: Was?!! Das gibt's ja wohl nicht!!!
F3: Er hat mir erzählt, dass er Christ geworden sei.
F1: *(fast weinerlich)* O nein, ausgerechnet unser Jürgen … *(greift sich an den Kopf)*
F4: Ein Christ? Die dürfen doch gar nichts anstellen. Nur im Stillen meditieren oder so was.
F2: Wirklich? Dann kommt er ja überhaupt nicht mehr zum Fußball …!
F1: *(trauernd)* … unser Jürgen, was haben sie nur mit ihm gemacht?!
F4: Das ist doch bestimmt alles nur Gehirnwäsche! Diesen ganzen Blödsinn mit Kreuz und Tod kann doch kein normal denkender Mensch wirklich freiwillig glauben – und schon gar nicht unser Jürgen!
F2: Eben, früher hat er doch auch immer auf die Kirche geschimpft!
F3: Jürgen hat mir gesagt, dass er bald wieder mitkommt, aber heute hat er eine ganz wichtige Veranstaltung …

	was war das noch gleich ... genau, jetzt weiß ich es wieder: Er ist bei einem Gebetstreffen.
F1:	Wie bitte?!! Ich glaub' ich bin im Kino!
F2:	Das ist ja wirklich die Schärfe! So etwas kann einem doch richtig die Freude am Spiel verderben!
F3:	Aber es kommt noch besser!
F4:	Erzähl!
F1:	Raus damit!
F2:	Spuck's aus!
F3:	... Jetzt haltet euch fest, Jungs. Er hat zu mir gesagt, dass Fußball ihm nicht mehr so wichtig ist, weil jetzt Jesus sein Trainer sei und der habe eine ganz neue Taktik für sein Leben ...
Alle:	*(schauen sich an)* Jesus?!!!!

(Sie wenden sich zum Publikum, als wäre dort auf dem Spielfeld eine kritische Entscheidung gefallen, und springen auf.)

Alle:	Buuhhh!!!!!

Muttertag mit Folgen

Thema: Die Ehe
Was bedeutet »ein Fleisch« sein?
Wer oder was trägt die Ehe?

Bibeltext: z. B. 1. Mose 2, 24; Matthäus 19, 5-6
(»Von der Ehe«)

Gedanken zum Text:
- In unseren Tagen nimmt die Zahl der Singles stetig zu. Das Vertrauen in die Lebensgemeinschaft Ehe geht immer mehr verloren. Viele Menschen wollen nicht mehr das Wagnis einer lebenslangen Bindung eingehen, weil sie fürchten, dass sie den möglichen zwischenmenschlichen Konflikten, die eine Ehe in sich bergen kann, nicht gewachsen sind. Die Unfähigkeit mit solchen Konflikten umzugehen ist ebenfalls ein Merkmal unserer Zeit. Die Scheidungsrate ist entsprechend hoch. Häufig haben Paare die »Grabenkämpfe« ihrer Eltern vor Augen oder erlebten schon als Kind, was Scheidung und Trennung bedeuten. Dadurch sind sie sehr misstrauisch geworden und zeigen nur wenig Bereitschaft, einmal neue Wege in ihrer Beziehung zu gehen.
- Woher kommt diese Unfähigkeit, Konflikte auszutragen und zu bewältigen? Vielleicht liegt es daran, dass wir Unstimmigkeiten lieber aus dem Weg gehen, als ihnen offen zu begegnen. Sicherlich, Beziehungsarbeit kostet viel Mühe und Geduld, aber könnte nicht am Ende eines erfolgreich gelösten Streites die Festigung der Partnerschaft

stehen? Erst wenn wir bereit sind, den tatsächlichen Problemen zu begegnen und sie offen und ehrlich zu lösen, kann neues Vertrauen wachsen.

- Ehen von Christen müssen nicht besser sein als die von Nichtglaubenden. Christliche Ehen können genauso schnell zerbrechen und an unbewältigten Konflikten scheitern. Christen haben aber wesentliche Möglichkeiten Krisensituationen zu begegnen. Es ist allerdings wichtig, dass sie »Täter des Wortes« sind und nicht »Hörer allein« (Jakobus 1, 22). Wenn Christus der Grund ihres Lebens ist, sie aus seiner Vergebung jeden Tag wieder neu leben und sich das einmal deutlich bewusst machen, dann fällt es ihnen vielleicht leichter, einander zu vergeben. Wenn wir einander vergeben, dann ist genauso ein Neuanfang möglich, wie wenn uns Gott vergibt.

- Was bedeutet »ein Fleisch« sein? Gott hat am Anfang der Menschheit die Ehe gestiftet. »Deshalb verlässt ein Mann Vater und Mutter, um mit seiner Frau zu leben. Die zwei sind dann eins, mit Leib und Seele« (V. 24-25). Menschen, die eine Ehe eingehen, werden ganz und gar eins sein, nicht mehr voneinander getrennte Menschen, sondern eine Person. Diese neue Dimension der Gemeinschaft ist zutiefst von Gott gewollt und soll von Menschen nicht zertrennt werden (V. 6). Leider gehen wir allzu leichtfertig damit um und setzen das aufs Spiel, was wir vor Gott und Menschen versprochen haben.

- Entscheidend ist, dass wir miteinander offen und ehrlich reden. Wir müssen die immer unüberwindbarere Lügenspirale stoppen und uns Vergebung zusprechen. Als Menschen machen wir Fehler und sind darauf angewiesen, dass für uns ein Neuanfang möglich ist. Mit Christus ist der beste Grund für unser Leben gelegt. Lasst uns Täter des Wortes sein und unsere Beziehung neu auf ihn hin ausrichten!

Anspiel: Muttertag mit Folgen

Charaktere: Ein verheiratetes Ehepaar

Kostüme: beide – gepflegtes Aussehen für den Muttertag, Frau mit Rock

Requisiten: Stühle, kleiner Tisch mit Tischdecke und Kerze, Zeitung

Bühne: stellt ein Wohnzimmer dar

(Ein Ehepaar will anlässlich des Muttertages die Mutter des Mannes besuchen. Der Mann wartet schon einige Zeit im Wohnzimmer auf seine Frau, die sich noch im Badezimmer befindet. Er sitzt auf einem Stuhl und liest eine Zeitung.)

M: *(senkt die Zeitung, ruft nach hinten)* Hanna, wie lange dauert das denn noch?! Wir wollen los! *(schüttelt mit dem Kopf)*
F: *(kommt zur Tür herein)* Was hetzt du schon wieder so?
M: Hetzen? Wieso hetze ich?!
F: Das ist furchtbar mit dir. Du bist den *ganzen* Morgen schon so unruhig.
M: Das ist wieder einmal eine deiner typischen Unterstellungen. Wieso soll ich unruhig sein? Wie kommst du bloß auf so etwas?!
F: Immer wenn wir zu deiner Mutter fahren, bist du vorher total nervös!
M: *(lacht)* Ich nervös? Wer von uns beiden ist denn nervös und braucht stundenlang im Bad? Du takelst dich auf, als würden wir zu einem Schönheitswettbewerb gehen!
F: Na, ich hätte dich mal hören wollen, wenn ich statt einem Rock eine Jeans angehabt hätte und wenn ich ohne Schminke im Gesicht aus dem Haus gegangen wäre! Vor

deiner Mutter wäre dir das doch wieder hochgradig peinlich gewesen!

M: Du redest einen Blödsinn! Was hat meine Mutter damit zu tun, wenn du eine Ewigkeit zum Umziehen brauchst?!

F: Immer wenn wir zu deiner Mutter fahren, fängst du an zu streiten!

M: Ja sicher, ich streite mich, das wird ja immer schöner! Erst hetze ich, dann bin ich nervös und jetzt fange ich auch noch an zu streiten! Hast du vielleicht noch etwas auf deiner Liste? Du musst dich mal sehen, wenn wir zu deinen Eltern fahren! »Ja Papa« hier, »ja Mama« da, und ich stehe herum wie der letzte Idiot!!

F: Es war ja klar, dass **das** jetzt wieder kommt! Du hast meine Eltern noch nie gemocht!!

M: Ich habe deine Eltern noch nie gemocht?!! Das ist aber echt ein starkes Stück!! Wer hat denn die Firma deines Vaters wieder aufgebaut, die er herunter gewirtschaftet hatte? Doch **ich**!! Und wer hat Stunde um Stunde, Wochenende um Wochenende den Karren wieder aus dem Dreck gezogen, ohne sich auch nur einmal zu beklagen?!! **Ich**!! Wer hat die ganzen Auslandskontakte wieder aufgebaut?! Allein **ich**!! Nicht ein einziges Wort des Dankes habe ich dafür bekommen!!

F: Ja, **du, du, du,** immer nur **du**!! Dein ganzes Leben immer nur **du**!!! Links und rechts hast du doch niemanden gesehen, geschweige denn mich! Nie hast du gefragt, was mich bewegt; nie hast du dich für mein Leben interessiert! Dir ging es doch immer nur um die Firma meines Vaters. Ich war für dich höchstens ein Teil des Inventars. *(fängt an zu weinen)* So hatte ich mir das nicht vorgestellt …

M: Jetzt fängst du schon wieder an rumzuheulen!! Immer dieses Gejammer, in einer Tour, bei jeder Kleinigkeit! Typisch Frau!! Du hättest mich ja nicht heiraten brauchen, wenn ich so ein Monster bin!!

F: *(weint)* Früher warst du anders. Du hast dich verändert, Dirk. Deine ständige Arbeit, dein ewiges Streben nach

Erfolg hat dich kaputtgemacht, hat unsere Ehe kaputtgemacht.

M: *(steht nervös auf und geht umher)* Das ist ja wohl maßlos übertrieben! Du steigerst dich da völlig in etwas hinein, was überhaupt nicht stimmt!! Ich habe das alles für uns getan! *(scharf)* Und außerdem: Wer von uns beiden ist denn so verwöhnt erzogen worden?! Ich höre dich jetzt noch: »Dirk, wir brauchen ein größeres Haus. Dirk, wir können mit dieser Schrottkarre nicht mehr fahren.« usw., usw.!! Und jetzt bin ich der Böse! Aber das war klar, das musste ja aus deinem Mund kommen!! Wenn du den Mund aufmachst, kommt doch meistens sowieso nur heiße Luft!!!

F: *(weint)*

M: Nun nimm dich mal ein bisschen zusammen, damit wir endlich los können, und hör mit mir dieser albernen Heulerei auf!!

F: *(steht auf)* Ich fahre nicht mit.

M: Was soll das denn jetzt schon wieder?!

F: Du kannst allein zu deiner Mutter fahren. *(geht ab)*

(Der Mann seufzt tief, lässt sich auf den Stuhl fallen, stützt sich mit seinen Ellbogen auf die Knie und lässt den Kopf in seine Hände sinken.)

Sommerschlussverkauf

Thema: Der religiöse Markt der Möglichkeiten in unserer heutigen Zeit
Ist es nicht eigentlich egal, an welchen Gott man glaubt?
»... *einen* Gott ... *einen* Herrn ...«

Bibeltext: z. B. 5. Mose 6, 4-15; Markus 12, 28-30; 1. Korinther 8, 4-7 (»Das wichtigste Gebot«)

Gedanken zum Text:
- Es ist eine Tatsache, dass wir in einer multireligiösen Gesellschaft leben. Die Großkirchen sind längst schon nicht mehr geistliche Heimat für die meisten Deutschen. So manche wenden sich anderen religiösen Gemeinschaften zu und nicht wenige entschließen sich, ihren eigenen religiösen Mix aus Althergebrachtem, Esoterik und New Age zusammenzustellen. Nur wenige sind reine Atheisten, die den Glaube an überhaupt irgendetwas ablehnen. Doch es bringt wenig Nutzen, wenn wir als Christen darüber verzweifeln, uns nach alten, frommen Tagen sehnen und dabei den Kopf in den Sand stecken. Stattdessen sollten wir offensiv unseren Glauben leben und vor allen Menschen offen bekennen: »... Einer ist Gott, der Vater, von dem alles kommt und zu dem wir unterwegs sind. Und einer ist der Herr, Jesus Christus, durch den alles geschaffen ist und durch den wir das neue Leben erhalten« (1. Korinther 8, 6).
- Zur Zeit des Paulus war die religiöse Pluralität mindestens genauso groß wie heute. Deshalb schreibt er darüber in sei-

nem Brief an die Gemeinde in Korinth, die sich auch mit den Problemen einer multinationalen und multireligösen Gesellschaft auseinandersetzen musste. Paulus schreibt, dass es zwar viele Mächte und Gewalten gäbe (siehe 1. Korinther 8, 5), jedoch für Christen nur *einen* Gott. Er erinnert damit die Gemeinde des neuen Bundes an das auch für sie geltende Bekenntnis Israels: »Höre, Israel, der HERR ist unser Gott, der HERR allein. Und du sollst den HERRN, deinen Gott, liebhaben von ganzem Herzen, von ganzer Seele und mit all deiner Kraft« (5. Mose 6, 4+5). Jesus verstärkt dieses Bekenntnis sogar noch in der Antwort auf die Frage nach dem wichtigsten Gebot: »Du sollst den Herrn, deinen Gott, lieben von ganzem Herzen, von ganzer Seele, von ganzem Gemüt und von all deinen Kräften« (Markus 12, 30). Gerade in unserer Zeit, in der Wissen und Wissenschaft geradezu vergöttert werden, ist diese Beifügung Jesu von größter Wichtigkeit. Man kann auch die Wissenschaft zu einer Religion erheben. Wenn unser Denken nur noch unsere eigene Erkenntnis preist und nicht mehr zum Lob Gottes anleitet, dann haben wir uns einen neuen Gott, einen neuen Glauben geschaffen.

- Auch uns Christen gelten die Worte aus 5. Mose 6, 14+15: »Und du sollst nicht andern Göttern nachfolgen, den Göttern der Völker, die um euch her sind – denn der HERR, dein Gott ist ein eifernder Gott in deiner Mitte – dass nicht der Zorn des HERRN, deines Gottes, über dich entbrenne und dich vertilge von der Erde.« Diese Götter sind das Werk von Menschenhänden und haben keine tatsächliche Macht (5. Mose 4, 28). Sie können aber einen großen Einfluss auf Menschen ausüben und sind deshalb sehr gefährlich.
- Wichtig ist auch noch das dritte Gebot: »Du sollst dir kein Bildnis noch irgendein Abbild machen, weder von dem was oben im Himmel, noch von dem, was unten auf Erden, noch von dem, was im Wasser unter der Erde ist.« (2. Mose 20, 4). Wir sind schnell versucht, uns ein Bild von

Gott zu machen, und denken, dass es uns im Glauben eine Hilfe ist. Meistens führt es jedoch dazu, dass wir uns einen Gott nach unseren eigenen Wünschen gestalten. Es ist besser, wenn wir uns einem biblischen Bild zuwenden. Eines, das sich durch die ganze Bibel zieht, ist das Bild des liebenden Vaters.

In ihm ist Gottes Wesen sehr anschaulich erkennbar. Es hilft uns Gott von Götzen zu unterscheiden und Glaube von »Aber«-Glaube.

Anspiel: Sommerschlussverkauf

Charaktere: Verkäufer, Kunde

Kostüme: Verkäufer – Schlips und Kragen, Käufer – normale Kleidung

Requisiten: Tisch (als Verkaufstisch), Schild mit »Sommerschlussverkauf«, verschiedene A3-Blätter mit Symbolen (Sonne, Krippe, alter Mann mit Bart), evtl. Registrierkasse, weitere Auslagen (z. B. Bücher, usw.), Spielgeld, Plastiktüte, Blatt Papier, Stift

Bühne: stellt ein Ladengeschäft mit Schaufenster dar

(Es ist Sommerschlussverkauf. Ein Verkäufer steht in seinem Geschäft hinter dem Ladentisch. Er ordnet, zählt und sortiert seine Ware. Plötzlich erscheint ein Kunde. Er schaut zunächst interessiert in das Schaufenster und betritt dann den Laden. Eine Ladenklingel ist zu hören.)

V: Guten Tag, was kann ich für Sie tun?
K: Ich habe in Ihrem Schaufenster gesehen, dass Sie Sommerschlussverkauf haben, und da dachte ich, vielleicht

könnte ich heute ein Schnäppchen machen. Ich interessiere mich nämlich sehr für einen Gott aus Ihrem Programm.
V: Da haben Sie wirklich Glück, denn es sind noch einige sehr schöne Stücke dabei. Darf ich Ihnen mal etwas zeigen?
K: Ja, sehr gerne!
V: Was für einen Gott hätten Sie denn gerne?
K: Tja, ... mmh ..., ehrlich gesagt, darüber habe ich noch gar nicht nachgedacht. Wissen Sie, eigentlich wollte ich so einen, wie mein Nachbar auch hat. Letztes Jahr waren wir nämlich in der Weihnachtszeit bei ihm eingeladen und das war alles so gemütlich und schön geschmückt. Also, so einen in der Art könnte ich mir schon vorstellen.
V: Ah ja, ich sehe schon, sie wollen einen christlichen Gott.
K: Wieso, gibt es denn da auch noch andere?
V: Selbstverständlich! Buddha z. B. ist zur Zeit gerade sehr gefragt, deshalb kann ich Ihnen da leider nichts Günstiges zeigen. Aber wir haben einige Naturgötter im Angebot, die gerade absolut im Kommen sind. Wenn Sie mich fragen, der Geheimtipp des Herbstes! Und dann haben wir natürlich noch Götter, die wir nicht offen verkaufen dürfen. Na, Sie wissen schon, die Menschen, die sich selbst zu Göttern gemacht haben. Die bieten wir zwar auch an, aber selbstverständlich nur »unter dem Ladentisch«. Ein sehr billiges Sonderangebot kann ich Ihnen auch noch zeigen: Ein echter Buschgott mit Baströckchen. Er ist allerdings nicht ganz geruchsfrei, wenn er zu lange in der Sonne steht.
K: Nein, nein, vielen Dank. Ich nehme lieber den christlichen, sonst bekomme ich Ärger mit meiner Frau, wenn ich so ein exotisches Exemplar mit nach Hause bringe. Was soll er denn kosten?
V: Das kommt natürlich ganz auf Ihre Wahl an! Wir haben da den traditionellen christlichen Gott *(zeigt Bild mit Krippe)*, immer wieder sehr beliebt, gerade zu den Feiertagen, für 120,– DM. Dann wäre da noch der christliche

Party-Gott *(zeigt Bild mit Sonne)*. Sie wissen schon: High sein, frei sein, Jesus muss dabei sein! Der kostet schlappe 148,– DM. Dann wäre da noch, ich gebe zu, etwas angegraut, der christliche Opa-Gott, mit Bart und Brille. Der ist bei Kindern immer noch der Renner. Ich hörte aber auch schon von Erwachsenen, die ihn immer wieder gerne zur Hand nehmen. Sie können ihn zu einem Spottpreis von 35,– DM haben. Billiger bekommen Sie den nirgends! Und dann hätten wir da noch ...

K: Warten Sie, warten Sie! Ich denke, dass der traditionelle der Richtige für mich ist. Wie viel, sagten Sie, soll der kosten?

V: 120,– DM. Sicher, nicht ganz billig, aber ich versichere Ihnen, Sie werden Ihre Entscheidung nicht bereuen! Gerade zum heiligen Fest werden Sie viel Freude an Ihm haben.

K: Gut, den nehme ich! *(gibt ihm das Geld)*

V: Vielen Dank, soll ich ihn noch als Geschenk einpacken?

K: Nein, vielen Dank, eine Tüte reicht.

V: *(legt das Bild in die Tüte)* Jetzt brauche ich nur noch eine Unterschrift von ihnen *(hält ihm ein Blatt Papier und einen Stift hin)*

K: Was für eine Unterschrift meinen Sie?

V: Ich darf Ihnen nur einen christlichen Gott zu diesem Preis verkaufen, wenn Sie mindestens einen 24-monatigen Vertrag abschließen, durch den weitere Kosten entstehen.

K: Das wusste ich ja gar nicht ... Also, unter diesen Umständen möchte ich doch keinen Gott *(legt die Tüte wieder auf den Ladentisch)*

V: *(gibt ihm das Geld wieder)* Tut mir Leid, trotzdem noch einen schönen verkaufsoffenen Sonntag!

K: Vielen Dank, auf Wiedersehen!

Papa, wer ist ein Christ?

Thema: Wer ist ein Christ?

Bibeltext: z. B. Markus 16, 15 - 16
(»Glaube und Taufe«)

Gedanken zum Text:
- Heutzutage treten die Menschen in Scharen aus der Kirche aus. Viele empfinden sich trotzdem als Christen. Es stellt sich die Frage, wovon das Christsein eigentlich abhängt. Muss ich einer Kirche angehören, um Christ zu sein? Kann ich nicht auch für mich allein Christ sein? Ist ein Christ einer, der an ein höheres Wesen glaubt? Sind Christen ewig Suchende? Ist nur der Mensch ein Christ, der Gutes tut? Ist nicht jeder ein Christ, der sich dafür hält?
- Schon kurz nach dem Tod Jesu wurden die Menschen als »Christen« bezeichnet, die zu Jesus am Kreuz beteten und ihn »Kyrios« (»Herr«) nannten. Sie waren davon überzeugt, dass er der Christus, der Retter, ist, der das Volk erretten und aus Schuld und Sünde befreien würde. Viele Menschen sind für diesen Glauben im Laufe der Jahrhunderte in den Tod gegangen. Wer als »Christ« bezeichnet wurde, war eindeutig einzuordnen, und setzte sich damit einer großen Gefahr aus.
Heute haben die so genannten »Christen« an Profil verloren. Jeder versteht etwas anderes unter »Christ«-sein.
Was heißt glauben? Christlicher Glaube meint, dass ich mich nicht abmühen muss, um zu Gott zu kommen, sondern Gott kommt zu mir. Der Weg dazu ist Jesus. Durch sei-

nen Tod am Kreuz und seine Auferstehung ist der Weg zu Gott frei. Doch genau Jesus fehlt den meisten »Christen«. Er ist kein »großer Lehrer« – und auch keine »geistige Hilfskonstruktion«. Jesus selbst ist der Weg. Glaube ist ein hundertprozentiges Geschenk Gottes. Nicht ich selbst »mache« Glauben. Mein Glaube hängt an Christus. Deshalb macht mich Christus selbst zum Christen. Wenn ich das Geschenk des Glaubens annehme, dann bin ich Christ. Die Taufe kann dann ein Zeichen für mich sein, ein spürbares Symbol, dass nun ein neues Leben mit Jesus beginnt und ein Bekenntnis vor allen Menschen zu meinem Christsein.

Anspiel: Papa, wer ist ein Christ?

Charaktere: Vater, seine kleine Tochter (kann durchaus von einer Erwachsenen gespielt werden!)

Kostüme: Vater – Strickjacke und Hausschuhe, Tochter – Kinder-/Jugendkleidung, vielleicht Jeans, T-Shirt, Turnschuhe, Baseballmütze

Requisiten: Stuhl (oder Sessel), Tageszeitung, Spielzeug, Teddybär, Teppich, Leselampe

Bühne: stellt ein Wohnzimmer dar

(Der Vater sitzt gemütlich in seinem Sessel und liest die Tageszeitung. Seine kleine Tochter Corinna spielt zu seinen Füßen. Plötzlich schaut Sie auf und stellt eine Frage.)

C: Du Papa, …?
V: … *(hinter der Zeitung)* Ja? …
C: Du Papa, kann ich dich mal was fragen?

V: ... *(immer noch hinter der Zeitung)* Ja, frag nur ...
C: Das ist aber eine schwierige Frage!
V: ... *(weiterhin hinter der Zeitung)* Das macht nichts, Corinna, ich bin doch dein Papa ...
C: Papa, wer ist ein Christ?
V: *(senkt die Zeitung verblüfft)* Ein Christ? ... Das ist doch nichts für kleine Mädchen. *(nimmt die Zeitung wieder hoch)*
C: Ich will es aber wissen, Papa! ... Papa!!
V: *(senkt wieder die Zeitung)* Ja, ja, du brauchst trotzdem nicht so zu schreien. *Wir* sind Christen, Corinna! *(hebt wieder die Zeitung)*
C: Wir alle sind Christen?! Ich auch?
V: *(hinter der Zeitung)* Du auch, mein Schatz.
C: Da bin ich aber froh! Meine Freundin Kerstin hat nämlich gesagt, dass wir gar keine richtigen Christen sind.
V: *(senkt verstört die Zeitung)* Wie bitte? Wie kommt deine Freundin Kerstin auf so etwas?
C: Sie hat gesagt, Christen sind Leute, die jeden Sonntag in die Kirche gehen, und weil wir ja nie am Sonntag in die Kirche gehen, sind wir keine Christen.
V: *(verärgert)* So ein Blödsinn! Was kümmert es deine Freundin, wo wir am Sonntag hingehen?! Und überhaupt, ihr solltet lieber mit euren Puppen spielen, anstatt euch über die Angelegenheiten von Erwachsenen den Kopf zu zerbrechen. Da stecken bestimmt ihre Eltern dahinter! Die haben uns ja noch nie die Butter auf dem Brot gegönnt und jetzt hetzen die schon ihre Tochter gegen uns auf! *(hebt verärgert die Zeitung.)*
C: Kerstin hat aber gesagt, weil wir keine Christen sind, kommen wir alle in die Hölle und da ist es heiß und gruselig.
V: *(noch mehr verärgert, senkt seine Zeitung)* Corinna, hier kommt niemand in die Hölle! Außer vielleicht deine Freundin, wenn sie so weitermacht!
C: Warum ist man Christ, wenn man sonntags in die Kirche geht?

V: Corinna, das hat doch damit überhaupt nichts zu tun! Christen, das sind Menschen, die Gutes tun, anderen helfen, und wenn sie es unbedingt brauchen, gehen sie sonntags in die Kirche und singen noch ein schönes Liedchen dazu!

C: Dann sind wir also doch keine Christen?

V: *(verwirrt)* Wieso?

C: Gestern hat Mama den Bettler weggeschickt und hat gesagt, man könnte ja nicht jedem etwas geben. Außerdem habe ich gehört, wie du gestern gesagt hast, dass unser Nachbar Herr Dörner was erleben kann, wenn er seine Hecke noch kürzer schneidet. Ihr tut also nicht viel Gutes ...

V: Natürlich tun wir Gutes! Dauernd tun wir Gutes! Wir geben dir z. B. Taschengeld. Das ist doch was! Wir können aber nicht immer jedem Gutes tun!

C: Kerstin hat auch gesagt, dass Christen an Gott glauben. Glaubt ihr an ...

V: ... Gott? Aber Corinna, du darfst nicht jedes Märchen glauben, das dir deine Freundin erzählt. Man braucht nicht an Gott zu glauben, um Christ zu sein. Das wird man aus Tradition, durch Geburt. Wir werden da sozusagen reingeboren.

C: Aber eine Maus, die in einer Keksdose geboren wurde, ist doch auch kein Keks!

V: *(schaut zur Zimmerdecke und stöhnt)* Dieses Kind! Du bist mir vielleicht ein Scherzkeks! Das hast du wahrscheinlich auch von deiner lieben Freundin Kerstin! *(Er steht auf und geht im Raum umher.)* Aber jetzt ist Schluss damit, aus und vorbei! Ab sofort gehst du nicht mehr zu deiner Freundin, die tischt dir nur Lügen und Unwahrheiten auf!!

C: Aber Papa, wer ist denn dann ein Christ?

(Er schüttelt resignierend den Kopf und verlässt das Wohnzimmer.)

Willkommen zu Hause!

Thema: Die Pluralität der Volkskirche
Was heißt eigentlich, »evangelisch« zu sein?
Auf welche Art sollen wir unsere Frömmigkeit leben?
Bibeltext: Apostelgeschichte 2, 37-47
(»Die erste Gemeinde«)

Gedanken zum Text:
- Eine auffallend große Pluralität in Lehre und Frömmigkeit ist kennzeichnend für die Evangelische Kirche in Deutschland. An manchen Orten kann man sogar von einem »Kampf der Frömmigkeiten« sprechen. »Erlaubt ist, was gefällt«, heißt die Devise. Natürlich, es ist ein Zeichen evangelischer Glaubensfreiheit, sich von keiner festgefahrenen Lehre einengen zu lassen, jedoch nach außen erscheint unsere Kirche als eine Anhäufung schlecht durchdachter Meinungen und Ansichten.
- Was heißt eigentlich, »evangelisch« zu sein? Welches Profil hat ein evangelischer Christ?
»Evangelisch« heißt so viel wie »den Evangelien entsprechend«. Dies ist ein allgemeines Kennzeichen aller Kirchen, die aus der Reformation hervorgegangen sind. Sie wollen eine evangeliumsgemäße Lehre vertreten und eine Frömmigkeit leben, die das biblische Zeugnis zum Vorbild hat.
- Als Martin Luther 1517 seine 95 Thesen verfasste, hatte er nicht vor, eine neue Kirche zu gründen, geschweige denn »neue« Kirchen. Er wollte die bestehende Kirche aufrütteln und zu einer der Bibel gemäßen Lehre zurückführen.

Luthers wichtigste Erkenntnis war »sola scriptura, gratia, fide« (allein durch die Schrift, die Gnade und den Glauben). Sie führte zum Streit mit der damaligen Kirche und es kam zu den ersten Abspaltungen. Die ersten evangelischen Gemeinden bildeten sich. Luther verstand die Kirche nicht hierarchisch-sakramental, sondern als unter Gottes Wort, Predigt und Sakrament lebende Gemeinschaft der Gläubigen.

- Wenn wir uns die Frage stellen, auf welche Art wir unsere Frömmigkeit leben wollen, ist das auch immer die Frage nach der Gemeinde, in der wir leben wollen. Die Auswahl ist groß! Wie sollen wir uns da entscheiden?

Vielleicht ist es eine Hilfe, wenn wir uns die erste christliche Gemeinde zum Vorbild nehmen, wie sie in der Apostelgeschichte beschrieben ist. Wenn wir wissen wollen, ob wir in der richtigen Gemeinde sind, ist es wichtig, dass dort Menschen sind, denen Jesus in ihrem Leben konkurrenzlos wichtig geworden ist (V. 37+38). Auf dieser Basis können wir aufbauen. Weiter ist es wichtig, dass diese Gemeinde ein Herz für Nichtglaubende hat und nicht ein »Kuschelklub für Fromme« geworden ist (V. 39). Wir werden eine gute Gemeinde auch an ihrem Verhalten untereinander erkennen. Wenn die Gemeindeglieder gerne im Glauben wachsen wollen und nicht schon »fertig« mit ihrem Christsein sind, gemeinschaftlich zusammenleben, das Abendmahl miteinander feiern und füreinander beten, dann sind wir hier richtig! (V. 42) Wenn diese Grundlagen stimmen, ist es auch nicht so wichtig, welcher evangelischen Kirche oder Gemeinschaft wir angehören, dann wird Gott unsere Gemeinden auch wachsen lassen (V. 47).

Anspiel: Willkommen zu Hause!

Charaktere: Sachbearbeiter im »Evangelischen Return-Assessment-Center« (Evangelisches Zentrum zur Einschätzung Rückkehrwilliger); Frau, die wieder in eine Kirche eintreten möchte

Kostüme: Sachbearbeiter — Schlips und Kragen, Frau — normale Kleidung

Requisiten: Tisch, zwei Stühle, Schild mit der Aufschrift »Ev. Return-Assessment-Center«, Unterlagen, Stifte für den Schreibtisch, vielleicht eine Grünpflanze, Kaffeetasse, Kaffeekanne

Bühne: stellt ein modernes Büro der Kirche dar

(Neuerdings hat die Kirche so genannte »Evangelische Return-Assessment-Centers« eingerichtet, die Rückkehrwilligen den Eintritt in eine evangelische Kirche erleichtern sollen. Ein Sachbearbeiter steht kundenfreundlich zu Beratungszwecken zur Verfügung. Eine Dame betritt unsicher das Büro und wendet sich an den Mitarbeiter.)

F: *(unsicher)* Guten Tag …(?)
S: *(schreibt noch eifrig, schaut plötzlich hoch und reagiert übertrieben freundlich)* Einen wunderschönen guten Tag meine Dame! Was kann ich für Sie tun?!
F: *(schüchtern)* Bin ich hier richtig im Wiedereintrittsbüro der evangelischen Kirchen?
S: Aber goldrichtig! Genauer gesagt, in unserem neuen »Return-Assessment-Center«! Nehmen Sie doch bitte Platz! *(Er steht auf, eilt um den Schreibtisch herum, deutet auf den Stuhl, der vor dem Schreibtisch steht, und rückt ihr den Stuhl hin.)*

F: Vielen Dank. Wissen Sie, für mich ist das alles sehr neu, deswegen bin ich ein wenig unsicher. Ich bin ja schon vor Jahren aus der Kirche ausgetreten und damals war das alles etwas anders ...
S: Das haben Sie sehr richtig bemerkt, Frau ... Wie war noch gleich Ihr werter Name?
F: Von der Heide. Elisabeth von der Heide.
S: Tja, Frau von der Heide, neue Zeiten, neue Sitten ... Neue Besen kehren gut, alles neue macht der Mai, usw., usw. – Sie wissen, was ich meine! Darf Ihnen erst einmal einen Kaffee anbieten?
F: Oh nein, vielen Dank.
S: Keine Sorge, keine Sorge, es ist keiner von diesen Fairness-Plantagen in Süd-West was-weiß-ich-wo, der nach alten Autoreifen schmeckt. Die Zeiten hatten wir! Feinster Bohnenkaffee! Übrigens ein hauseigenes Produkt. Sie haben ja sicher gehört, dass wir letztes Jahr 5000 Pfarrstellen gestrichen haben. Dafür haben wir jetzt eine eigene Kaffeerösterei und die macht Profit! Das konnte man von den Pfarrern nicht gerade sagen. Ha, ha – kleiner Scherz, Frau von der Heide! Also, doch ein Tässchen?
F: Nein, nein, vielen Dank, ich vertrage keinen Kaffee, Sie wissen schon, wegen des Koffeins.
S: Sehr vernünftig, Frau von der Heide, sehr vernünftig! Ist schließlich nicht gut fürs Herz, nicht wahr? Apropos Herz, welchen Herzenswunsch kann ich Ihnen erfüllen?
F: Ich würde gerne wieder in die Kirche eintreten.
S: Das habe ich mir schon gedacht! Schon als Sie vorhin das Center betraten, habe ich gleich gesehen, diese Frau hat Ausstrahlung, die besticht! Diese Frische in Ihren Augen, dem neuen Ziel entgegen, diese Entschlusskraft im Schwung Ihrer Hüften, welche die Beine in ein neues Leben schreiten lassen – phänomenal! Doch Sie sagten, Sie würden gerne wieder in *die* Kirche eintreten. Wie darf ich das bitte verstehen?

F: Tja, ... na ja, ich wollte eigentlich nur in die Kirche zurück, aus der ich ausgetreten bin ...
S: Ah ja, ich sehe, Frau von der Heide, hier besteht bei Ihnen Erklärungsbedarf. Um die evangelischen Kirchen zu sanieren, haben wir vor einigen Jahren alle zusammengelegt und in 15 Haupt-, 28 Unter- und 76 Nebengruppen unterteilt. Wir haben alles im Angebot, was Sie sich nur denken können. Jeder Frömmigkeitsstil, jedes Gemeindemodell, das jemals erdacht worden ist, können Sie wählen!
F: Oh, ja, das ist in der Tat neu für mich. Was haben Sie denn so ... im ... im Angebot. Ich meine zur Auswahl?
S: Das will ich Ihnen gerne einmal vorstellen *(zeigt ihr einen Prospekt)*: Da haben wir z. B. unsere Luther-Gemeinden als Basis-Set für den Einsteiger. Wahlweise als »Luther-Classic«, »Luther-erweckt«, »Luther-Medium« oder »Luther-hochkirchlich». Das Pendant dazu ist unser Basis-Set-Vario 2. Auch hier können Sie zwischen »Luther-free & easy«, »Luther-offen« oder »EKD-besonders feminin« wählen. Ganz neu in unserem Programm haben wir auch »Evangelisch-rechter Flügel«, »Charisma-light«, »Charisma-knallhart« und »Luther-charismatisch-Mission-plus«. Dann haben wir da noch die freieren evangelischen Gemeinden: »Babti-doppelt«, »Methos-neu«, »Freiki-hard-harder-hardest«, »Pfingstlich-mild« und »Pfingstlich-heftig«. War da schon etwas für Sie dabei?
F: Nun ja, es ist alles sehr viel und ...
S: ... da können Sie sich nicht entscheiden. Das kann ich voll und ganz verstehen! Doch wir haben nicht nur aus deutschen Landen Qualitätskirchen, sondern jetzt ganz neu während unserer Aktionswoche, zu einmaligen Konditionen: »Christus-Esoterikus« und »New-Church-Age«. Wird immer wieder gerne genommen!
F: *(hilflos)* Können Sie mir persönlich vielleicht etwas empfehlen?
S: Also ich persönlich bin in der »Luther-offen mit neuer Buddha-Öko-Formel«. Kann ich Ihnen sehr ans Herz

legen. Ist allerdings nichts für Leute, die keinen japanischen grünen Tee mögen.
F: Ja dann, ... mmh, *(zeigt auf den Prospekt)* ich glaube, dass ich »Luther-Classic« nehme. Das ist mir vertraut von früher.
S: Eine gute Wahl! Jetzt nur noch ein paar Formalitäten *(reicht ihr ein Formular und einen Stift)* ... und schon sind sie wieder in der Kirche!
F: *(fängt an, das Formular auszufüllen, kommt plötzlich ins Stocken)* ... Entschuldigung, was heißt denn »BKA-Ausstellungsdatum«?
S: Ach, das ist nur eine Kleinigkeit. Wir müssen nur wissen, wann Ihr Bekenntnis-Ausweis ausgestellt wurde.
F: Bekenntnis-Ausweis? Ich habe keinen Bekenntnis-Ausweis?
S: Was?! Sie haben keinen Bekenntnis-Ausweis?! *(reißt ihr unwirsch das Formular wieder weg)* Also auch keine »Beitrags-Klassifizierung« und »Ewigkeits-Bescheinigung«?!
F: *(kleinlaut)* Nein ...
S: *(steht auf, geht zu ihrem Stuhl, zieht ihn unsanft weg, sie steht schnell auf)* Dann muss ich Sie leider enttäuschen. Ich kann Sie nicht wieder in die Kirche eintreten lassen. *(unfreundlich)* Zunächst besorgen Sie sich erst einmal die nötigen Papiere, dann reden wir weiter. Und vergessen Sie Ihre »Beitrags-Klassifizierung« nicht.
F: *(geht langsam zur Tür)* Ja, gut, ich dachte, der Eintritt wäre kostenfrei ...
S: *(schiebt sie unfreundlich hinaus)* Kostenfrei? Wir sind doch hier nicht bei den Bettelmönchen! Umsonst ist nur der Tod! Guten Tag! *(Die Frau verlässt den Raum, er geht zurück zu seinem Schreibtisch.)*
S: *(schüttelt mit dem Kopf)* Gesindel ...!
(geht ab)

Mission Impossible

Thema: Brauchen wir heute noch Mission?
Ist der Missionsauftrag Jesu nicht mehr zeitgemäß?
Gemeinde und Mission

Bibeltext: z. B. Matthäus 28, 18-20
(»Der Missionsauftrag«)

Gedanken zum Text:
- Viele Menschen stehen heutzutage der Mission sehr kritisch gegenüber. Sie haben dabei vor allem die Überseemission der Vergangenheit vor Augen. Mission ist für sie gleichbedeutend mit Zwang, Überheblichkeit und Gewalt. Dass Mission auch anders aussehen kann, können wir an den heutigen Überseemissionen sehen, die aus ihren Fehlern gelernt haben und in deren Dienst viele treue Menschen stehen, die das, was sie selbst von Gott empfangen haben, in Liebe weitergeben wollen. Die Mission betrifft uns aber auch in unserem eigenen Land. Wir dürfen nicht vergessen, dass wir heute keine Christen wären, wenn andere Menschen nicht unseren Vorfahren und uns das Evangelium von Jesus Christus weitergesagt hätten.
Ob unsere Kirche weiterhin Bestand hat, wird sich danach richten, welches Verhältnis wir zur Mission im eigenen Land haben werden. Eine Kirche ohne Mission stirbt.
- Jesu Auftrag zur Mission gilt uns auch heute noch. Er ist ein wichtiges Aufgabenfeld für uns Christen. Darüber hinaus wäre es im höchsten Maße egoistisch, wenn wir die gute Nachricht von der Liebe Gottes nur für uns selbst behalten und anderen davon nichts weitersagen würden.

Häufig fällt es uns sehr schwer, von unserem Glauben zu erzählen. Wir haben Angst, uns lächerlich zu machen und gemieden zu werden. Hier sagt Jesus: »Gott hat mir unbeschränkte Vollmacht im Himmel und auf der Erde gegeben. Darum geht nun zu allen Völkern der Welt ...« (V. 18+19). Das heißt, Jesus macht uns Mut! Wenn wir eine Beziehung zu ihm haben, dann wird er uns nie im Stich lassen. Wir haben damit Teil an seiner Macht, die er von Gott übertragen bekommen hat. Jesus sagt weiter: »Und das sollt ihr wissen: Ich bin immer bei euch, jeden Tag bis zum Ende der Welt« (V. 20). Diese Verheißung hat immer Bestand. Jesus ist nicht nur da, wenn es uns gut geht; er ist auch da, wenn uns keiner glaubt, keiner vertraut, keiner liebt. Davon können wir den Menschen erzählen: Wir glauben an keinen Gott, der nicht nur für die Sonnenseiten des Lebens zuständig ist, sondern an einen, der selbst als Mensch alles durchlitten hat, was man überhaupt erleiden kann, und unseren Schmerz kennt.
Diese Botschaft lohnt es, weiterzugeben!

- Wenn wir den Missionsauftrag Jesu nicht ernst nehmen, werden unsere Gemeinden eingehen. Dabei geht es nicht nur darum, viele Gemeindeglieder zu haben, sondern es ist unsere Aufgabe, uns an der Rettung von Menschenleben zu beteiligen. Jeden Tag gehen viele Menschen verloren. Sie unterstellen sich anderen Mächten, die sie dann völlig gefangen nehmen. Alle Gemeindeglieder sind gefragt, sich bei Hausbesuchen, Evangelisationen, Gesprächsabenden und anderen missionarischen Aktivitäten zu beteiligen. Es darf uns nicht kalt lassen, dass Menschen in unserer unmittelbaren Umgebung teilweise Sinn suchend vor sich hin vegetieren und wir nichts unternehmen, um ihnen zu helfen. Mission ist auch tätige Liebe und damit ein Zeugnis unseres Glaubens!

Anspiel: Mission Impossible

Charaktere: zwei Missionare im Dschungel, ein schwarzer Dschungelbewohner

Kostüme: Missionare — Safari-Kleidung (möglichst in khaki oder olivgrün): kurze Hosen, Hemden mit hoch gerollten Ärmeln, Schirmmützen oder Tropenhelme, Rucksack, Wanderschuhe; schwarzer Dschungelbewohner (natürliche Hautfarbe oder gut angebräunt) — schwarze Langhaarperücke, lange Jeans, barfuß, freier Oberkörper, Kette (Knochenkette oder dergleichen), weiterer Schmuck

Requisiten: Handy, einige Tische, vielleicht ein Tarnnetz, Pflanzen, Wasserflaschen, Karte, Buschmesser,

Bühne: stellt einen Dschungel dar. (Der Ausgestaltung sind hier keine Grenzen gesetzt: Tische werden zu Hügeln, Wollfäden zu undurchdringlichem Dickicht, Yuccapalmen zu Tropenplanzen, Obst-und Tarnnetze zu grünem Tropenwald.)

(Zwei Missionare kämpfen sich durch einen Dschungel Südostasiens. Der eine ist noch topfit und hoch motiviert, der andere hat für die Plackerei überhaupt kein Verständnis. Beide kommen aus dem hinteren Teil der Bühne.)

M1: *(hackt mit seinem Buschmesser auf Gestrüpp ein und schiebt es beiseite)* Aha, wusste ich es doch! Da ist ja der Pfad!
(Beide stolpern vorwärts auf eine Art Lichtung.)
M2: *(außer Atem)* Welcher Pfad? Ich sehe keinen Pfad! Bist du dir sicher, dass du die Karte auch richtig herum gehalten hast?
M1: *(holt seine Karte hervor und breitet sie aus)* Natürlich, ich kann dir sogar ganz genau sagen, wo wir sind! Also

pass mal auf ... *(sucht auf der Karte)* ... na ja, ... hier müssten wir links abgebogen sein, dann durch dieses Tal, über den Fluss und dann nach Osten ... mmh ... oder vielleicht doch nicht ...?

M2: *(setzt sich resignierend auf einen Stein)* Na toll! Wir haben uns verlaufen! Das habe ich mir ja schon immer mal gewünscht! Und dann auch noch im tiefsten Dschungel Asiens, mit den gefährlichsten Sümpfen, den tückischsten Tümpeln und den giftigsten Schlangen! *(öffnet seine Wasserflasche)* Na dann Prost! *(trinkt und gießt sich den Rest Wasser über den Kopf)*

M1: Nun mach hier mal keine schlechte Stimmung. Ich finde den Weg schon wieder. *(sucht weiter auf der Karte)*

M2: Ich mache schlechte Stimmung?! Wer ist denn daran Schuld, dass wir jetzt hier in der Pampa sitzen?! Nur weil du unbedingt zu diesen Papa ... Papanangies ... Papanungas, oder wie auch immer diese Typen heißen, wolltest!

M1: Die heißen Papanongas und sind der ...

M2: ... noch letzte frei lebende, vom christlichen Glauben noch nicht erreichte Stamm Südostasiens – ich weiß! Damit liegst du mir schon Monate in den Ohren. Du und deine fixe Idee, denen das Evangelium zu bringen! Die haben doch gar kein Interesse an deiner »guten Nachricht«. Die einzige gute Nachricht ist für die, wenn gerade keiner ihrer Verwandten von irgendeinem anderen Stamm aufgegessen worden ist!

M1: Wir sollen aber allen Menschen das Evangelium bringen ...

M2: Ja, ja, auch die Leier habe ich schon zu genüge gehört. Das ist doch ein völlig veraltetes Konzept! Das kennen wir doch! Wir kommen da hin, die sehen ihren eigenen Glauben gefährdet, machen uns deswegen zu Hackfleisch, wir sind bitterböse, kommen mit einer ganzen Armada wieder, haun' denen die Bibel um die Ohren,

bis sie lachen, und als Belohnung bekommt jeder noch eine Cola-Dose in die Hand gedrückt!
M1: Nun jammer hier nicht rum, ich weiß jetzt, wo wir sind. Da hinten geht's weiter!

(Er zieht M2 mit sich. Beide stolpern einen kleinen Hügel hoch. Plötzlich tritt ihnen ein Mann entgegen. Beide erschrecken furchtbar und weichen ein Stück zurück.)

Beide: Aahhh!!!
M2: Wer ist das denn?!!
M1: *(im Flüsterton)* Das ist bestimmt ein Buschbewohner ...
M2: Ach du liebe Güte! Jetzt sind wir geliefert!! Ich will nicht als Omelett enden!!
M1: *(zu M2 gewandt)* Nur die Ruhe! Ich frage ihn mal, von welchem Stamm er kommt. *(spricht langsam und bedächtig)* Guten Tag! Wir kommen in Frieden. Zu welchem Stamm gehören Sie?
D: *(antwortet in fließendem Deutsch)* Guten Tag! Mein Name ist Noka Nora und ich gehöre zu dem Stamm der Papanongas.
M1: *(ganz aufgeregt zu M2 gewandt)* Hast du das gehört, das ist unser Stamm! *(sehr freundlich und vorsichtig, reicht D die Hand)* Herr Noka Nora, es freut uns ganz außerordentlich, Sie kennen zu lernen. Wir sind gerade auf dem Weg zu Ihrem Stamm, um Ihnen die »Gute Nachricht« zu bringen!
D: Welche gute Nachricht meinen Sie? Ist der Daimler-Chrysler-Kurs wieder gestiegen?
M1: Ääh nein ... die gute Nachricht von unserem Herrn Jesus Christus!
D: Ach die ... Ja, die kennen wir schon. Wir empfangen nämlich schon seit drei Jahren den Church-Channel im Fernsehen. *(Plötzlich klingelt sein Handy, das er in der Hosentasche hat.)* Ah, das wird meine Bank sein. Einen kleinen Moment bitte! Hallo, Noka Nora am

Apparat? Ja, ..., ja,... aha, gut, ja, kaufen Sie, ja, ... alles, gut, vielen Dank. Auf Wiedersehen!
Das war meine deutsche Bank. Die Kurse stehen günstig! Tja, ich muss jetzt leider weiter, ich wünsche Ihnen noch einen angenehmen Tag und ...

M1: *(entrüstet)* Moment mal! Was ist denn jetzt mit unserer guten Nachricht?!
D: Versuchen Sie es doch mal bei den Mamanangies. Die sind noch so ziemlich unerreicht.
Wiedersehen! *(geht ab)*
M2: Und was machen wir jetzt?
M1: *(wütend)* Na was wohl? Wir suchen diese Mama, ... Mama-Dingsbums!
M2: Das ist ja wohl nicht dein Ernst?! Damit uns noch einmal einer begegnet, der uns vielleicht zu einem Mikrowellen-Essen einlädt und uns anschließend die aktuelle Bundesligatabelle präsentiert?!! Ohne mich!! Da kannst du allein hingehen!!
(verschwindet im Busch, geht ab)
M1: *(schaut ihm fassungslos hinterher)* Nun warte doch!! Du kannst mich doch jetzt hier nicht sitzen lassen!!
(läuft ihm hinterher, geht ab.)

Das King-Kong-Syndrom

Thema: Evolution oder Schöpfung?
Darf man heutzutage noch an die Schöpfung glauben?

Bibeltext: z. B. 1. Mose 1, 1-31
(»Die Schöpfung«)

Gedanken zum Text:
- Wenn wir heutzutage äußern, dass wir an die Schöpfungslehre glauben, werden wir meistens für komplett verrückt gehalten. Im Biologieunterricht lernt jeder, dass die Evolutionslehre ein Faktum ist. Auch immer weniger Christen wagen es, das zu bezweifeln.
Kaum jemand widerspricht, weil es scheint, dass keine ausreichenden Argumente vorhanden sind, die eine Schöpfungslehre rechtfertigen. Doch genau genommen basiert die Evolutionslehre nur auf einer Theorie, eben auf der »Evolutionstheorie«.
- Wissenschaftler versuchen, für diese Theorie seit etwas mehr als 100 Jahren Beweise zu erbringen. Zugegeben, es gibt erstaunlich viele Übereinstimmungen mit der Theorie, aber es gibt auch noch sehr viele Lücken und das übersehen die meisten. Wie entstand die Erde? Wie entstand das Leben auf der Erde und schließlich: Wie entstand der Mensch? Wie entstand aus toter Materie der erste lebendige Organismus? Wer oder was gab den entscheidenden Anstoß und warum?
- Das Evolutionsmodell schließt die Möglichkeit einer Schöpfung von vornherein aus und nennt den Zufall als Grund für die Entstehung des Lebens.

Viele Wissenschaftler sind heute davon überzeugt, dass das Leben ohne Sinn und Ziel entstand. Der *Zufall* spielt bei dieser Überlegung eine große Rolle, wobei heute niemand erklären kann, was nun genau der Zufall ist und wie er entsteht und warum er passiert. Die Wissenschaftler sagen, es brauchte einmal den Zufall und viel, viel Zeit, bis nach langem »Ausprobieren« die Natur das Leben hervorbrachte. Sie gehen davon aus, dass das Leben sich bis zum heutigen Tag und auch in der Zukunft so weiter entwickelt. Als Beweis für das Evolutionsmodell werden viele Beispiele aus der Tierwelt und aus der Entwicklung des Menschen genannt.

- Das Schöpfungsmodell bezieht die Möglichkeit eines Schöpfers mit ein und sieht Gott am Anfang allen Lebens und Entstehens (V. 1; 20; 24; 27). Das Leben hat Zweck und Ziel, denn Gott hat einen Plan für seine Schöpfung. Wenn wir Christen am Schöpfungsmodell zweifeln, dann ist das nicht der Beginn des Abfalls vom Glauben an Gott, sondern es kann der erste Schritt sein, auch einmal dem Evolutionsmodell kritische Fragen zu stellen. Z. B.: Warum hat die Evolution zum Menschen geführt, einem Wesen mit Geist, das heißt, mit der Fähigkeit zum Nachdenken, zum bewussten Wollen, zur Einsicht, zum vernünftigen Handeln und zur Unterscheidung zwischen »Gut und Böse«? Wesen und Sinn des Seins vermag die Biologie nicht zu deuten. Sie gibt lediglich Antworten auf die Frage »wie?«, nicht auf die Frage »warum?«

Anspiel: Das King-Kong-Syndrom

Charaktere: zwei Meinungspolizisten der Zukunft, ein Festgenommener

Kostüme: Polizisten — futuristische Uniformen und Mützen (lassen sich mit etwas Pappe, Silberfolie und Fantasie herstellen), Festgenommener — Straßenkleidung der Zukunft (Der Fantasie sind auch hier keine Grenzen gesetzt.)

Requisiten: Tisch, zwei Stühle, tragbares Display (großer Taschenrechner), Laptop, Handschellen

Bühne: stellt das Büro einer Meinungspolizeistation der Zukunft dar

(Ein Meinungspolizist sitzt an seinem Schreibtisch und schreibt an seinem Laptop. Plötzlich tritt ein anderer Meinungspolizist ein. Er führt einen Festgenommenen mit sich, der verhört werden soll. Sie bleiben zunächst an der Tür stehen.)

P1: Ich bringe den Mann, der heute Morgen bei einer Meinungsrazzia festgenommen worden ist.
P2: Gut, setzen Sie ihn dort hin! *(deutet auf den Stuhl vor dem Schreibtisch)*

(Der Festgenommene setzt sich auf den Stuhl. Der bewachende Polizist stellt sich neben den Schreibtisch.)

P2: *(barsch)* Name?!
F: *(kleinlaut)* Hubert Klein.
P2: *(zu P1 gewandt)* Was wird ihm vorgeworfen?
P1: Herr Klein wurde dabei ertappt, wie er sich auf einer Party vor mehreren Gästen zum Glauben an die Schöpfungslehre bekannt hat.

P2: *(barsch)* Beweise?!
P1: Es liegt uns ein Mitschnitt des Gesprächs vor, in dem sich Herr Klein eindeutig äußert. Ein Kollege von der verdeckten Ermittlung hat es aufgenommen.
P2: *(energisch)* Das ist ja ein starkes Stück! Solch ein Fall ist mir ja schon lange nicht mehr untergekommen! Und Sie ... Herr Klein ... was sagen Sie zu diesen Anschuldigungen?
F: *(schüchtern und verängstigt)* Ich weiß gar nicht mehr, was eigentlich los war. Wir hatten doch nur ein harmloses Gespräch und plötzlich war da dieser Mann von der Meinungspolizei. Ehe ich mich versah, bekam ich Handschellen angelegt und wurde hierher gebracht. Was habe ich getan?
P2: Sie wollen also leugnen, dass Sie ein Schöpfungsglaubender sind?!!
F: Ja, ..., nein, wir haben uns doch nur ganz unverbindlich über Evolution und Schöpfung ganz allgemein unterhalten. Da steckte wirklich keine böse Absicht dahinter.
P2: *(zu P1 gewandt)* Was war denn sein genauer Wortlaut?
P1: *(tippt und schaut auf sein Display)* Herr Klein sagte Dinge wie: »Ich glaube, dass das Schöpfungsmodell nicht so ohne weiteres verworfen werden darf« oder »Meiner Ansicht nach weist die Evolutionstheorie eine Menge Lücken auf.«
P2: Na, Sie sind mir vielleicht ein Früchtchen. Spielen hier den Unwissenden! Aber das läuft bei uns nicht. Wir wissen alles! Sie haben eindeutig gegen § 798 des Meinungsgesetzes verstoßen! *(tippt und schaut auf seinen Laptop)* Da heißt es: »Wer nicht an das Evolutionsmodell glaubt und sich wohlwollend gegenüber anderen falschen Annahmen über die Entstehung der Erde und des Lebens äußert, insbesondere zur Schöpfungstheorie, wird mit Gefängnis, nicht unter sieben Jahren, bestraft!«

F:	Das können Sie doch nicht machen! Jeder hat doch ein Recht auf seine Meinung! Ich bin ein freier Bürger! Die ganze Meinungsüberwachung ist doch ein großes Unrecht!
P2:	*(zu P1 gewandt)* Haben Sie das gehört? Das »King-Kong-Syndrom«. Der Mann ist ja ein größerer Verbrecher, als ich dachte.
F:	Was reden Sie denn da? Ich bin völlig in Ordnung und harmlos ...
P2:	*(beugt sich über den Schreibtisch, F entgegen)* Sie haben »King-Kong«, mein Lieber.
P1:	Die Evolution, Sie verstehen doch hoffentlich? Viele Verbrecher Ihres Schlages haben das »King-Kong-Syndrom«. Es stammt noch von Ihren affenartigen Vorfahren. Sie wissen schon, wenn ein bestimmtes Gen nicht richtig mutiert ist, kommt es irgendwann plötzlich zu einer heftigen Reaktion. Das äußert sich in Aufmüpfigkeit, Besserwisserei und Wahnvorstellungen. Das ist der Affe in Ihnen!
F:	So ein Blödsinn, ich habe keinen Affen in mir!
P2:	Widersprechen Sie nicht!! Sie haben »King-Kong« und damit basta!!
P1:	Sträuben Sie sich nicht, es hat doch alles keinen Zweck mehr. Gestehen Sie!
F:	Das sind doch alles Verleumdungen! Ich glaube diesen ganzen Evolutionsblödsinn nicht!
P2:	Aha! Sie gestehen also doch! Jetzt haben wir Sie! Ich sage Ihnen, mein lieber Herr Klein, so schnell lassen wir Sie hier nicht wieder raus!
F:	Ich will meinen Anwalt sprechen!
P2:	Wen denn, vielleicht Gott? Ha, ha, ha, ha! Abführen!

(Er winkt P1 herbei, beide führen F aus dem Büro, alle gehen ab.)

Ausgebrannt!

Thema: Wie gehe ich als Christ mit meiner Zeit um?

Bibeltext: z. B. Psalm 31, 16; Prediger 3, 1-8; Psalm 139, 16 (»Meine Zeit«)

Gedanken zum Text:
- Als Christen denken wir sehr oft, dass unser Leben in anderen Bahnen verläuft als bei Menschen, die Gott nicht kennen. Sicher ist das in vielen Lebensbereichen auch der Fall, aber gerade wenn es um unsere persönliche Zeiteinteilung geht, sind wir nicht besser, eher viel nachlässiger, als andere Menschen.
- Mit vollem Kalender jagen wir von Termin zu Termin. Ob Hauskreis, Gebetskreis, Jugendkreis, Kirchengemeinderat, Ausschusssitzung oder Chor – überall sind wir dabei. Neben dem »christlichen Termindruck« erledigen wir ja auch noch unser »normales« Tagesgeschäft und wundern uns, dass der Tag so schnell vorbeigegangen ist. Wenn wir aber ehrlich zu uns selbst sind, dann müssen wir zugeben, dass trotz der vielen Termine, in der Hektik, die meisten Tätigkeiten und Ziele auf der Strecke geblieben sind. Wo haben wir heute wirklich einmal innegehalten und in Ruhe nachgedacht oder tatsächlich das Gespräch mit einem Menschen gesucht, ohne mit den Gedanken schon wieder bei dem nächsten Termin zu sein?
- »Meine Zeit steht in deinen Händen«, heißt es in Psalm 31, 16. Es ist wichtig, dass wir uns immer wieder bewusst machen, dass Gott Herr unserer Terminkalender sein soll.

Was nützen viele Termine, wenn wir nicht wissen, warum wir den ganzen Stress eigentlich auf uns nehmen? Gott kannte uns schon, als wir noch nicht einmal geboren waren. Er hat einen Plan für unser Leben! (Psalm 139, 16) Wir sollten versuchen, uns auch für ihn Zeit zu nehmen. Das gibt uns eine neue Perspektive. Einfach einmal still werden, mit Gott reden und wir werden merken, dass eine neue Art der Gelassenheit, Inspiration und Fröhlichkeit in unser Leben einzieht. Der Prediger Salomo sagt, dass alles seine Zeit hat, das Arbeiten und auch das Liebhaben (Prediger 3, 1-8). Wir sollten andere und uns selbst liebhaben, indem wir ihnen und uns Zeit gönnen. Und auch hier gilt: Weniger ist manchmal mehr!

Anspiel: Ausgebrannt!

Charaktere: vier Christen

Kostüme: alle – normale Kleidung

Requisiten: vier Kalender

Bühne: stellt das Leben dar *(keine Dekoration nötig)*

(A läuft langsam allein auf der Stelle. Nach einer Weile zückt er seinen Kalender, liest darin und findet einen wichtigen Termin.)

A: Ach du meine Güte, ich muss ja zum Hauskreis! Da hatte ich gar nicht mehr dran gedacht!

(Er läuft merklich schneller. Plötzlich erscheint B, läuft neben ihm in seinem Tempo mit und fragt ihn erstaunt.)

B: Wo willst du denn so schnell hin?

A: Ich muss ganz schnell zum Hauskreis, hätte ich fast verschwitzt! Und du?
B: Ich muss schnell zur Kirchengemeinderatssitzung! Bin spät dran!

(Beide laufen nun nebeneinander noch schneller. Plötzlich kommt C hinzu, läuft neben den beiden in gleichem Tempo mit. Sie laufen weiter, aber das Tempo verlangsamt sich merklich.)

C: Wo wollt ihr denn hin?
A: Ich komme gerade vom Hauskreis.
B: Und ich habe eine lange Gemeinderatssitzung hinter mir.
C: Ich will zum Gebetskreis, der fängt gleich an. Kommt ihr mit?
A+B: Gute Idee!!

(Alle drei laufen nun wieder schneller nebeneinander. Sie wollen den Termin noch unbedingt schaffen. Dazu falten sie die Hände als Zeichen des Gebets. Plötzlich kommt D angelaufen, läuft mit und fragt erstaunt.)

D: Was macht ihr denn da?
Alle: Wir beten!
D: Wollt ihr nicht lieber mit zum Chor kommen?
A: Super Idee!
B: Finde ich klasse!
C: Also los!

(Alle vier laufen nun wieder schneller. Plötzlich zückt A wieder seinen Terminkalender.)

A: Tut mir Leid, ich kann leider nicht mit. Ich habe ganz vergessen, dass ich Fußballtraining habe!

(A fängt an, auf der Stelle pantomimisch Fußball zu spielen, die anderen laufen weiter. Plötzlich zückt B seinen Kalender.)

B: Oh, ich wusste gar nicht, dass es schon so spät ist. Ich muss leider zur Arbeit!

(B fängt an, pantomimisch Schreibmaschine zu schreiben, A spielt weiter Fußball, die anderen laufen weiter. Plötzlich zückt C seinen Kalender.)

C: So etwas aber auch, ich bin ja zu einer Party eingeladen! Vielleicht schaffe ich das noch!

(C fängt an, auf der Stelle zu tanzen, A und B führen ihre Tätigkeiten fort, D läuft weiter. Plötzlich ruft D den drei anderen zu.)

D: Und was ist mit unseren Aktionen, Ausschüssen und Freizeiten?
Alle: Jaha, nachher ...!

(Alle laufen nun wieder gemeinsam. Sie werden immer schneller und schneller, bis sie rennen. Plötzlich greift sich A an die Brust und fällt mit Herzinfarkt tot zu Boden. Die anderen folgen ihm einer nach dem anderen. Sie liegen eine Weile auf dem Boden. Plötzlich kommt aus dem Off eine Stimme.)

Off: Und Gott sprach: »Heute steht ihr in meinem Kalender.«

Ackergold

Thema: Sinn des Lebens

Bibeltext: z. B. Matthäus 13, 44
(»Der Schatz im Acker«)

Gedanken zum Text:
- Deutschland gehört zu den reichsten Ländern der Welt. Wir leben im Überfluss und haben keinen materiellen Mangel. Trotzdem empfinden viele Menschen ihr Leben als sinnlos. Viele unserer Jugendlichen resignieren, weil sie für sich selbst keine Zukunft mehr sehen und weil sie es von ihren Eltern nicht besser vorgelebt bekommen, als jeder Frage nach dem Sinn sofort auszuweichen. Die Sinnfrage ist aber für uns Menschen existentiell wichtig, weil wir nicht nur unseren Instinkten folgen, wie es z. B. die Tiere machen, sondern weil wir jeden Tag wieder neu nach dem Sinn unserer Entscheidungen fragen.
Solange wir uns mit einer erfolgreichen Karriere, Konsum und Freizeitvergnügungen ablenken, merken wir gar nicht, wie sehr wir eine Antwort auf die Sinnfrage brauchen.
Wenn wir aber unser Leben nach dem Lustprinzip satt haben oder in eine schwere Krise geraten, dann kommt erneut die Frage nach dem Sinn.

- Aus der Sinnfrage ergeben sich drei Teilfragen:
1. Woher komme ich? 2. Wozu lebe ich? 3. Wohin gehe ich?

zu 1) Wenn wir wissen wollen, woher etwas kommt, müssen wir den Hersteller fragen. Wenn wir wissen wollen, woher wir kommen, müssen wir den fragen, der uns geschaffen hat – Gott.

zu 2) Wenn wir wissen wollen, wozu etwas da ist, müssen wir ebenfalls den Hersteller fragen. Wenn wir wissen wollen, wozu wir da sind, warum wir leben, müssen wir Gott fragen. Wenn er ein realer, lebendiger Gott ist und wir eine Beziehung zu ihm haben können, dann muss er uns eine Antwort auf die Frage nach dem »Wozu« geben können.

Zu 3) Wenn wir mit dem Tod konfrontiert werden, fragen wir nicht mehr, woher wir kommen oder wozu wir da sind. Wir fragen, wohin die Reise unseres Lebens geht. Welches ist das Ziel unseres Lebens? Gerade wenn wir selbst betroffen sind, stellt sich uns diese Frage noch dringlicher. Nur wenn der Sinn unseres Leben im Angesicht des Todes Bestand hat, können wir auch auf ihn im Leben bauen.

- Die meisten Menschen beantworten nicht die Frage nach dem Sinn, sondern verdrängen sie nur.

  Eine andere Möglichkeit ist, »Un-Sinn« zum Sinn zu erheben. Wir erheben wichtige Ziele unseres Lebens zum Sinn. Doch was ist, wenn wir diese Ziele nicht erreichen? Dann muss unser Leben sinnlos werden!

  Selbst wenn wir die Ziele erreichen, schieben wir die Sinnfrage immer weiter vor uns her.

  Wir steuern das nächste Ziel an, immer in der Hoffnung, dort den Sinn zu entdecken. Am Ende aber bleibt doch wieder eine innere Leere, ein ausgebranntes Selbst und die Frage: Wozu das Ganze?

  Es gibt viele »Ziele«, aber nur einen »Sinn«.

- Der Sinn muss die Basis für unser ganzes Leben sein. Wenn Ziele zerbrechen, muss darunter immer noch die Basis stehen. Woran wir unser Herz hängen, das ist auch unser Lebenssinn. Martin Luther drückt es so aus: »Woran du dein Herz hängst, das ist dein Gott.« Der Gott, der uns durch die Bibel bezeugt wird, will die Basis unseres Lebens sein. Mit ihm leben wir nicht sinnlos. Er hat uns geschaffen und ist auch noch im Tod bei uns. Jesus sagt es in seinem Gleichnis so: Wer diesen Gott findet, der ist wie ein Mann, der einen Schatz im Acker gefunden hat. In seiner Freude »verkauft« er alles, was sein Leben bisher ausgemacht hat, und bekommt dafür einen Schatz, an den es sich lohnt, sein Herz zu hängen.

Anspiel: Ackergold

Charaktere: Waldarbeiter Michael und seine Frau Susanne

Kostüme: Michael – Arbeitskleidung: Overall, Weste, Helm, Sicherheitsschuhe, usw.; Susanne – normale Kleidung und Küchenschürze

Requisiten: Tisch, zwei Stühle, Tischdecke, Kerze, zwei Teller, Gläser, vielleicht Brot und eine Suppe, Axt

Bühne: stellt die Küche von Susanne und Michael dar

(Susanne sitzt am Küchentisch. Sie ist verärgert, denn sie wartet mit dem Essen schon mehr als eine halbe Stunde auf ihren Mann. Plötzlich tritt er ein.)

M: *(aufgeregt)* Susanne ...! *(legt seinen Helm und seine Axt ab)*
S: *(unterbricht ihn aufgebracht)* Wo kommst du denn her?! Ich warte jetzt schon eine geschlagene halbe Stunde mit dem Essen auf dich! Das wird doch alles kalt!
M: Es tut mir Leid, Susanne, aber ich konnte einfach nicht früher kommen!

S: Das muss aber ein guter Grund sein, wenn du deine Suppe lieber kalt essen willst.
M: Ganz genau so ist es! Mensch, Susanne *(packt sie an den Schultern und schüttelt sie ein paar Mal)*, wir sind reich!!
S: Bist du jetzt völlig durchgedreht?! So einen schlimmen Sonnenstich hattest du ja noch nie! Und lass mich endlich los! *(macht sich von seinen Händen frei)*
M: Susanne, ich bin nicht durchgedreht! Es stimmt wirklich, wir sind reich!! Endlich hat dieses armselige Leben ein Ende! Stell' dir vor, wir können in Urlaub fahren, du bekommst neue Kleider und brauchst endlich nicht mehr bei dieser Ausbeuterfirma zu arbeiten!
S: Moment, jetzt mal schön eins nach dem anderen. Was redest du denn da von Urlaub, Kleidern und nicht mehr arbeiten?
M: Ich habe einen Schatz gefunden! Einen richtigen, echten Goldschatz!
S: Wieso hast du einen Schatz gefunden? Du warst doch heute Morgen zur Arbeit!
M: Eben deswegen! Ich kann's ja kaum selbst glauben! Ich habe dir doch erzählt, dass wir heute diese blöden Baumwurzeln roden sollten. Du weißt schon, die am Rand des hinteren Feldes stehen und wo der Pflug immer hängen bleibt. Wir waren schon fast fertig, da musste Kalle plötzlich zum Pinkeln. Er verschwindet also im Wald. Und ich denke so bei mir, da kann ich schon mal anfangen, die Wurzeln auf dem Feld auszugraben. Während ich so grabe, stoße ich plötzlich auf einen harten Gegenstand. Ich hatte schon Angst, es könnte einer von diesen schweren Feldsteinen sein, doch dann sehe ich, dass es eine alte Holzkiste ist. Nachdem ich sie ausgegraben hatte, brach ich sie auf. Und was meinst du, was drin war? Goldmünzen und Schmuck!!
S: Das kann ja wohl nicht wahr sein! Du willst mir hier einen Bären aufbinden!
M: Nein, es ist wahr!

S: Und was hast du dann gemacht?
M: Ich habe den Schatz natürlich schnell wieder vergraben, denn Kalle konnte ja jeden Moment zurückkommen. Als er wieder da war, habe ich mir natürlich nichts anmerken lassen.
S: Und was ist dann passiert? Warum bist du so spät gekommen?
M: Ich bin noch zurr Bank gefahren.
S: Wieso zur Bank?
M: Ich wollte wissen, wie viel Geld wir noch auf unserem Sparbuch haben und wie viel wir für unser Haus bekommen.
S: Was hat denn unser Haus damit zu tun?
M: Susanne, verstehst du denn nicht?! Ich kann den Schatz nicht so einfach heben. Das Land gehört meinem Chef! Außerdem würde er es sofort merken. Wir müssen den Acker kaufen!
S: Kaufen? Wir haben doch gar kein Geld, um einen so großen Acker zu kaufen!
M: Deshalb habe ich schon mal alles durchgerechnet. Es gibt nur eine Möglichkeit: Wir müssen alles verkaufen, was wir haben, um den Acker zu bekommen!
S: Alles?! Auch unser Haus, unser Auto und meinen Schmuck?!
M: Alles! Und auch die Möbel und die Antiquitäten deiner Eltern! Nur wenn wir alles aufs Spiel setzen, können wir an den Schatz kommen!
S: Aber woher willst du wissen, ob der Schatz so viel wert ist?!
M: Ich habe ihn doch selbst gesehen, die Goldmünzen, den Schmuck!
S: *(schüttelt mit dem Kopf)* Das ist mir zu riskant! Was ist, wenn der Schatz am Ende doch nichts wert ist? Dann stehen wir ohne etwas da!
M: Susanne, es lohnt sich, glaube mir!
S: Nein, das kommt gar nicht in Frage! Wäre nicht das

erste Mal, dass du mit solchen fixen Ideen nach Hause kommst!
M: Susanne, bitte, das ist unsere Chance …!
S: Ich habe Nein gesagt und dabei bleibe ich auch! Du kannst es dir überlegen: Entweder den Schatz oder mich! *(geht energisch ab)*

(M setzt sich und legt resignierend das Gesicht in die Hände.)

Leibesübungen

Thema: Jeder ist von Gott gleichermaßen gewollt und wertvoll
Jeder hat Gaben Gottes bekommen
Wie soll ich meine Gaben einsetzen?

Bibeltext: 1. Korinther 12, 12-27
(»Viele Glieder – ein Leib«)

Gedanken zum Text:
- Nicht selten erleben wir es, dass in Gemeinden Rangabstufungen gemacht werden. Tee kochen und Predigen werden genauso gegeneinander aufgerechnet wie Hauskreisleitung und Kinderbetreuung. Da gilt dann der Leiter oder Verkündiger mehr als der »gewöhnliche« Mitarbeiter. Allerdings noch viel schlimmer trifft es Menschen, die aufgrund einer Krankheit oder Behinderung oder auch mangelnder Sprachkenntnisse, nach unseren Maßstäben, nur wenig zur Gemeindearbeit beitragen können. Niemand sagt es, doch viele denken: »Eigentlich schleifen wir die doch nur hinter uns her.«
- Jeder Mensch ist von Gott gleichermaßen gewollt und wertvoll. Die christliche Gemeinde ist **ein** Leib! Dabei spielt es keine Rolle, ob wir aus Deutschland oder Afrika kommen, Leiter sind oder zum »gewöhnlichen Fußvolk« gehören. Durch den gemeinsamen Glauben, den gemeinsamen Geist und die gemeinsame Taufe sind wir untereinander verbunden (V. 12+13). Wir sind alle Glieder am Leib Christi.

- Jedes Glied an diesem Leib hat eine gleichermaßen wichtige Funktion bekommen.
Deshalb soll es in der christlichen Gemeinde auch keine Rangfolge geben. Jeder ist auf den anderen angewiesen. Gerade die Glieder und Organe am Leib, die uns unwichtig erscheinen, hat Gott besonders wichtig gemacht (V. 24). Ob nun Ausländer, Schwerkranke, Leiter, Lehrer oder der Pastor selbst, alle sind gleich wichtig. Jeder soll für den anderen da sein, denn wir brauchen einander (V. 25).
- Jedes Glied am Leib hat Gaben Gottes bekommen. Diese Gaben können wir für die Gemeinde einsetzen. Doch nur wenn viele Gaben zusammenkommen und wir bereit sind, miteinander zu arbeiten, werden unsere Gemeinden wieder wachsen und die Rangabstufungen werden verschwinden.

Anspiel: Leibesübungen

Charaktere: Ein Übungsleiter, vier Sportler

Kostüme: alle – kurze Sporthosen, Achselhemden ohne Arme, Sportschuhe

Requisiten: Trillerpfeife, Telefon, vielleicht einige Sportgeräte, Bälle, usw.

Bühne: stellt eine Sporthalle dar

(Drei Sportler stehen nebeneinander in einer Reihe und unterhalten sich. Sie warten darauf, dass die »Leibesübungen« beginnen. Plötzlich betritt der Übungsleiter energisch die Halle und stößt mit seiner Trillerpfeife einen grellen Pfiff aus. Alle verstummen und stehen kerzengerade. Der Leiter hält in preußisch-militärischem Ton eine einleitende Ansprache.)

L: So, meine Herrn, ich begrüße Sie zu unseren wöchentlichen Übungen! *(schreitet von links nach rechts die Reihe ab)*
L: Sie wissen ja, wenn Sie einmal ein wertvolles Glied am Leib Christi werden wollen, müssen Sie auch etwas dafür tun! Das heißt: Üben, üben, üben! Verstanden, Männer?!
Alle: *(in trägem Ton)* Jawohl!

(Er bleibt beim dritten Sportler stehen, dessen Hemd ein wenig aus der Hose gerutscht ist.)

L: Und Sie?! Name?!
C: *(schüchtern)* Erlbaum, Gunther Erlbaum.
L: Glied Erlbaum, Sie müssen wohl erst einmal üben, sich richtig anzuziehen, was?! Stecken Sie mal gefälligst Ihr Hemd in die Hose!

(C folgt der Aufforderung eilfertig.)

(L stellt sich rechts neben die Gruppe.)

L: Ich seh' schon, Sie sind eine ganz müde Truppe. Sie haben gar keine Kondition, hängen wie ein Schluck Wasser in der Kurve! Also, meine Herrn: Liegestütze!

(Alle drei begeben sich unter Stöhnen, mühsam zu Boden und beginnen mehr schlecht als recht mit ihren Liegestützen. L schreitet wieder die Reihe ab.)

L: Und eins und zwei und eins und zwei, ... *(bleibt links stehen)* Das ist ja ganz erbärmlich, kann ich ja gar nicht mit ansehen! So werden Sie nie ein wertvolles Glied am Leib Christi! Stehn' Sie mal wieder auf, das ist ja ein Trauerspiel!

(Alle erheben sich schwerfällig, müssen sich gegenseitig stützen.)

L: Gut, dann üben wir das Fingersein am Leib Christi!
Alle: *(angenervt, unter Stöhnen)* Oh, nicht schon wieder Fingersein! Immer üben wir Fingersein! Nie üben wir Beinsein oder Magensein! Oder Lippensein! Immer die blöden Finger!
L: *(stößt einen grellen Pfiff aus)* Ruhe! Nun halten Sie mal den Rand! Jeder Frischling im Glauben weiß, dass die Finger die wichtigsten Glieder am Leib Christi sind! Ohne die Finger wäre die Gemeinde gar nichts! Also, meine Herrn, Finger hebt!

(Alle heben die rechte Hand.)

L: *(Alle bewegen den Zeigefinger auf und ab, während er die Reihe abschreitet.)* Und eins und zwei und eins und zwei ...

(Plötzlich betritt ein weiterer Sportler die Halle.)

L: *(bleibt stehen)* Wer sind Sie denn?!
D: Ruprecht Holzer.
L: Was machen Sie hier?! Mir wurden nur drei Finger gemeldet!
D: Ich bin auch kein Finger, sondern ein Fuß!
L: Ein Fuß?! Was soll ich denn mit einem Fuß?! Haben Sie nichts Anständiges gelernt?!
D: Aber der Leib Christi braucht doch auch Füße!
L: Papperlapapp! Füße sind völlig unwichtig! Jeder weiß, dass die Finger die wichtigsten Glieder sind! Da können selbst Sie komischer Fuß nicht gegen anstinken!
D: Ich bin aber gerne ein Fuß!
A: *(ganz links)* Ich auch!
L: Sie halten den Schnabel! *(zu D)* Und Sie machen sich

vom Acker! Füße wollen wir hier nicht! Sie stören nur unsere wichtigen Übungen! Wenn Sie ein Finger sind, können Sie sich hier wieder blicken lassen!

(D verschwindet traurig.)

L: So, meine Herrn, nur nicht durchhängen! Wir fahren mit unseren Fingerübungen fort!

(Plötzlich klingelt das Telefon. L nimmt den Hörer ab.)

L: Ja, hier Finger-Leibesübungen?! *(steht plötzlich stramm)* Oh, Chef, guten Tag, ich grüße Sie, ja, ja, natürlich, ja..., selbstverständlich, kein Problem..., ja, gerne, wir sind gerade gut im Training, ... ganz klar, jeder nach seinen Fähigkeiten, wir kommen vorbei, ja, gut, bis dann!

(Er legt den Hörer wieder auf, wendet sich an die Truppe.)

L: Meine Herrn — Füße! Der Chef braucht ein paar Füße! Da wir gerade gut im Training sind und jeder weiß, dass Füße das Nonplusultra im Leib Christi sind, stellen wir uns natürlich gerne zur Verfügung! Also, rechts schwenkt! *(Alle drehen sich nach rechts.)* Im leichten Übungstrab — vorwärts!

(Alle traben links von der Bühne.)

Danksagung

Ich danke ganz herzlich dem Hänssler Verlag, der durch seine Spontaneität und Offenheit dieses Buch überhaupt erst möglich gemacht hat.

Ein weiterer Dank geht an die Anspielgruppen der Kirchengemeinde Ellerau und des Albrecht-Bengel-Hauses in Tübingen, die durch ihr Spiel für mich immer wieder Inspiration und Bereicherung waren.

Mein besonderer Dank gilt meinen Mentoren Winfried Lauenroth, Hermann Maier und Volker Gäckle, die mir mit Rat und Tat in der Verkündigung und Schauspielerei zur Seite gestanden haben.